Augustinus

dargestellt von Uwe Neumann

Rowohlt

rowohlts monographien begründet von Kurt Kusenberg
herausgegeben von Wolfgang Müller und Uwe Naumann

Redaktionsassistenz: Katrin Finkemeier
Umschlaggestaltung: Walter Hellmann
Vorderseite: Augustinus in seinem Arbeitszimmer.
Fresko von Sandro Botticelli (1444–1510).
Florenz, Galleria degli Uffizi
Rückseite: Christus thronend als Lehrer, mit Petrus und Paulus
neben ihm. Elfenbeinpyxis nach 400.
Staatliche Museen zu Berlin – Preußischer Kulturbesitz – Museum
für Spätantike und Byzantinische Kunst
Frontispiz: Älteste Darstellung Augustins.
Fresko in der päpstlichen Bibliothek des Laterans, um 600

Dieser Band ersetzt die 1958 erschienene
Augustinus-Monographie von Henri Marrou

Originalausgabe
Veröffentlicht im Rowohlt Taschenbuch Verlag GmbH,
Reinbek bei Hamburg, November 1998

Satz Times PostScript Linotype Library, QuarkXPress 3.32
Gesamtherstellung Clausen & Bosse, Leck
Printed in Germany
ISBN 3 499 50617 3

Inhalt

Augustinus wird von seinen Eltern dem Lehrmeister von Thagaste gebracht. Ausschnitt aus einem Fresko von Benozzo Gozzoli. 1463–1465, San Gimignano, Sant' Agostino

Das Leben des Augustinus

Die Biographie eines sozialen Aufsteigers

Gleich der vieler Persönlichkeiten der Geistesgeschichte ist auch die Biographie des Augustinus die eines sozialen Aufsteigers: Aus kleinen Verhältnissen kommend, eröffnet er sich einen immer größeren Wirkungskreis und wird schließlich durch eine intensive und vielfältige Nachwirkung eine prägende Gestalt der europäischen Kultur. Im Jahre 354 wurde er in der nordafrikanischen Stadt Thagaste (das heutig Souk Ahras in Algerien) in eine bäuerliche Welt hineingeboren. Sein Vater Patricius gehörte der kleinbürgerlichen Schicht an, seine Mittel waren beschränkt. Trotzdem wollte er seinem Sohn eine gründliche Bildung ermöglichen, und er tat dies in der Hoffnung, daß Augustinus eine bessere berufliche Stellung erreichen und ein bequemeres Leben würde führen können. Der junge Augustinus mußte deshalb seine Heimatstadt verlassen und nahm ab dem Jahr 365 im nahe gelegenen Madaura Unterricht in Grammatik und Rhetorik. Der finanzielle Aufwand hierfür überstieg bald die Möglichkeiten seines Vaters, konnte jedoch durch die Hilfe eines reichen Freundes, des Romanianus (dem Augustinus später eine seiner Frühschriften widmete), bestritten werden. Doch auch so war der Rahmen, in dem sich seine Ausbildung bewegen konnte, durch Geldmangel eng. Sich verschärfende finanzielle Schwierigkeiten zwangen ihn, sein Studium im Jahr 369 zu unterbrechen und nach Thagaste zurückzukehren; 370 konnte er jedoch das Rhetorikstudium in Karthago fortsetzen.

Durch seine *Bekenntnisse* (*Confessiones*) sind wir gut unterrichtet über diese erste Phase seines Lebens, in der die Voraussetzungen für den beruflichen Aufstieg gelegt wurden und er sich zugleich die geistigen Grundlagen aneignete, die sein Denken bestimmen sollten. Allerdings wird man bei dem Bericht Augustins immer bedenken müssen, daß er aus späterer Einsicht heraus schreibt. Als er seine *Bekenntnisse* abfaßte, haben sich seine Wertungen bereits erheblich geändert. Und wohl nicht zuletzt deshalb fällt sein Urteil über die Inhalte seiner Bildung reserviert aus. Obwohl sich ihm erst durch sein Studium ein für spätantike Verhältnisse bemerkenswerter Aufstieg bis zum Bischofsamt eröffnet hat und obwohl – nebenbei bemerkt – ein so komplexes Werk wie die *Bekenntnisse* ohne profunde Ausbildung nicht hätte geschrieben werden können, erscheinen ihm Sinn und Ziel des von ihm genossenen Unterrichts im Rückblick als fragwürdig: *Deswegen schickte man mich zur Schule. Ich sollte lesen und schreiben lernen. Ich in meinem Elend sah nicht ein, wozu das nützen sollte. Aber wenn ich faul war beim Lernen, schlug man mich. Die Erwachsenen fanden das sogar gut.*[1] Überraschend einsichtsvoll klingen seine Bemerkungen zu den üblichen Prügelstrafen in der Schule: Freie Wißbegier hätte beim Lernen mehr erreicht als der einschüchternde Zwang, dem er ausgesetzt war.[2] Die Ausbildung diente vor allem dazu, die rhetorischen Fähigkeiten Augustins zu entwickeln und möglichst so weit zu vollenden, daß er einmal selbst als Redelehrer tätig werden konnte. Die Rhetorik war – wie nahezu in der gesamten Antike – die entscheidende Schlüsselqualifikation; wer hier Hervorragendes leistete, konnte leicht den Nachteil einer niedrigeren Herkunft wettmachen, und mehrere Karrierewege standen ihm offen. Auch dieser Zielsetzung seines Vaters steht Augustinus später sehr distanziert gegenüber. Seine Familie habe alles unternommen, *um die Kosten für einen längeren Aufenthalt in Karthago aufzubringen, dies eher aufgrund ehrsüchtiger Neigung als entsprechender Einkünfte meines Vaters, eines nur bescheiden begüterten Bürgers aus Thagaste*[3]. Besonders scharf fällt das Urteil über die Lehrinhalte aus: Während der erste Schulstoff, der sogenannte Elementarunterricht, der mit Lesen und Schreiben vertraut machte, noch einigermaßen gut bewertet wird, verurteilt Augustinus den darauf aufbauenden Lehrstoff, der vor allem die antike Literatur zum Gegenstand hatte: *Dieser Unterricht war besser als der spätere, der mich zwang, die Irrfahrten irgendeines mir unbekannten Äneas zu behalten und darüber meine eigenen Irrwege zu vergessen, den Tod der Dido zu beweinen, die aus Liebe Selbstmord beging, während ich es in meinem tiefen Elend ungerührt hinnahm, daß ich durch solche Bücher wegstarb von dir, Gott, mein Leben.*[4] Mitunter fällt der Ton noch schärfer aus: *Nein und nochmals nein: Niemals lernt man durch solche Unanstän-*

Die Erziehung eines Kindes. Detail vom Sarkophag des Cornelius Statius. Paris, Musée du Louvre

digkeiten die Wörter leichter, niemals! Nur begeht man solche Unanständigkeiten dreister mit Hilfe dieser Wörter! Ich klage nicht die Wörter an, diese erlesenen und kostbaren Gefäße, sondern den Wein der Täuschung, den betrunkene Lehrer uns in ihnen reichten, daß sie uns schlugen, wenn wir nicht tranken, und daß wir dabei an keinen nüchternen Richter appellieren konnten.[5]

Die Stadt Karthago, in der sich Augustinus dieser Bildungstyrannei ausgesetzt sah, war zu seiner Zeit ein erfolgreiches Handelszentrum, in dem nahezu alle Bereiche der antiken Kultur sichtbar in Blüte standen. Es gab Tier- und Gladiatorenkämpfe in der Arena, Dichterwettbewerbe, Theateraufführungen und eine entwickelte Literaturszene. Apuleius, dessen Roman «Der goldene Esel» heute noch bekannt ist, hielt sich zeitweise dort auf. Die Schulzeit Augustins fiel in die Regierungsjahre des Kaisers Julian, der den Beinamen «Apostata», «der Abtrünnige», trug. Von Konstantin an waren die römischen Kaiser christlich, und das Christentum setzte sich allmählich als Staatsreligion durch. Julian hatte jedoch noch einmal versucht, den Einfluß des Christentums zurückzudrängen und dem alten römischen Staatskult mit seinen heidnischen Göttern wieder Geltung zu verschaffen. Dieser Versuch blieb Episode, nicht zuletzt,

Die christlichen Kaiser vor Julian haben sich bartlos darstellen lassen. Julian Apostata nimmt betont die Ikonographie des bärtigen Philosophentypus wieder auf. Marmorstandbild. Paris, Musée du Louvre

weil Julian früh starb. Doch dürfte Augustinus als Schüler öffentliche Aufzüge und Spiele zu Ehren von heidnischen Gottheiten gesehen haben, und seine später oft und heftig geäußerte Verachtung für heidnische Frömmigkeit hat vielleicht hier ihre frühen Wurzeln.

Die Mutter Augustins, Monnica, teilte nach außen den Ehrgeiz des Patricius, den dieser für seinen Sohn hegte. Auch sie wünschte für ihren Sohn eine gute Ausbildung, jedoch eher weil sie glaubte, daß wissenschaftliche Studien ein gutes Mittel seien, Gott näher zu kommen.[6] Schon in dieser anderen Motivation, aus der heraus sie den Bildungsgang ihres Sohnes unterstützte, zeigen sich die großen Unterschiede zwischen seinen Eltern. Während Monnica intensiv im christlichen Glauben lebte, stand Patricius der Religion eher gleichgültig gegenüber. Zwar erwähnen die *Bekenntnisse*, daß er sich taufen ließ[7], doch blieb die Religion für ihn eher nebensächlich. Die unterschiedliche Haltung der Eltern hatte große Bedeutung für Kindheit und Jugend Augustins. Monnica bestimmte die innere Entwicklung ihres Sohnes. Sie legte größten Wert auf eine christliche Erziehung. Augustinus berichtet über diese Prägung seines inneren Lebens: *So war ich denn also schon gläubig, mit ihr und dem ganzen Haus, bis auf den Vater. Doch der verdrängte nicht das Vorrecht der Frömmigkeit meiner Mutter, so daß ich etwa nicht an Christus geglaubt hätte, weil er noch nicht gläubig war. Denn sie strengte alles an, daß du, mein Gott, mir Vater sein solltest, mehr als er, und du standest ihr bei, mehr Einfluß zu bekommen als ihr Mann, dem sie diente, weil sie die Bessere war.*[8] In dieser Stelle sind wesentliche Momente ausgesprochen, die den Menschen Augustinus und sein Denken formen: die Konkurrenz zwischen Monnica und ihrem Mann um den Einfluß auf ihr Kind; die Tatsache, daß die Mutter diese Rivalität für sich entscheidet und daß die Rolle des Vaters gegen Gott als eigentlichen Vater abgewertet wird. Wichtig sind für das Kind die Mutter und der durch sie vermittelte christliche Gott. Es ist deshalb kaum Zufall, wenn die *Bekenntnisse* alle anderen Familienmitglieder nur beiläufig erwähnen: Der Vater besitzt marginale Bedeutung, sein Tod wird in einer Randbemerkung nachgetragen[9]; ein Bruder wird ganz knapp erwähnt[10], und von einer Schwester wissen wir lediglich aus einem Brief.[11] Der Leser der *Bekenntnisse* begegnet dagegen der intensiven Beziehung zwischen Augustinus und seiner Mutter auf Schritt und Tritt. Die übergroße Bemühung seiner Mutter um ihn setzte Augustins fortwährend unter Druck; seine seelische Disposition, seine spätere Einstellung zu Frauen und Sexualität wurde von einer solchen fordernden Mutterliebe beeinträchtigt. Das weitere Leben Augustins wird mehrfach Belege für die einseitigen Prägungen dieser Kindheit hervorbringen.

Bei der Dominanz des christlichen Einflusses, den die Mutter auf Augustinus ausübte, mag es erstaunen, daß er nicht bereits als Kind getauft wurde. Allerdings war die Kindertaufe zu dieser Zeit noch nicht die Regel. Da man überdies dem etwas mechanistisch anmutenden Glauben anhing, daß die Taufe eine Art Reinigung darstelle, die man durch seinen weiteren Lebenswandel wieder zunichte machen konnte, herrschte die Tendenz vor, sich spät taufen zu lassen, um möglichst gereinigt von Sünden vor dem Endgericht erscheinen zu können. Wie dramatisch mitunter die Entscheidung war, ob man nun ein krankes Kind taufen solle oder nicht, hat Augustinus selbst bei einer gefährlichen Krankheit erfahren: *Die Mutter meines Fleisches war bestürzt. Wäre ich nicht bald wieder gesund geworden, hätte sie, da sie mit noch größerer Liebe schwanger ging mit meinem ewigen Heil, keuschen Herzens und im Glauben an dich, eilig alles vorbereitet, daß ich in die heilbringenden Geheimnisse eingeweiht und abgewaschen würde, um durch das Bekenntnis zu dir, Herr Jesus, die Nachlassung der Sünden zu erhalten. So wurde meine Reinigung aufgeschoben, als wäre es unvermeidlich, daß ich mich mehr beschmutzte, wenn ich überlebte; meine Schuld, dachte man, werde nur größer und gefährlicher, wenn ich nach dem Taufbad in den Schmutz der Sünde zurückfiele.*[12]

So abwertend sich Augustinus später auch über den Sinn und das Ziel seiner Ausbildung geäußert hat, war er doch ein ausgesprochen erfolgreicher Schüler. Einmal sollten die Schüler der Göttin Juno eine fiktive Rede in den Mund legen, in der sie darüber Klage führt, daß sie trotz aller Anstrengungen die Landung des ihr verhaßten Äneas in Italien nicht würde verhindern können. Solche rhetorischen Übungen waren ein wichtiges Element der rednerischen Ausbildung. Offensichtlich hat es Augustinus sehr gut verstanden, der Juno wirkungsvolle Worte zu verleihen, denn er trug bei dieser Übung den ersten Preis davon.[13] Überhaupt darf seine Bildungsschelte nicht darüber hinwegtäuschen, daß sein Ehrgeiz groß war und er sich durchaus zielstrebig um immer höhere Anerkennung bemühte. Erst als es kaum mehr höher ging und er keinen Nachteil befürchten mußte, wurde Augustinus kritisch jener Bildung gegenüber, von der er ausgiebig profitiert hatte.

Augustinus machte sehr schnell Fortschritte in seiner Ausbildung, und schon mit zwanzig Jahren wurde er in seiner Heimatstadt Redelehrer. Von 375 bis 383 setzte er diese Tätigkeit in Karthago fort. Daß Augustinus Redelehrer wurde, hängt sicherlich mit seinem großen Talent für wirkungsmächtige Sprache zusammen. Zerknirscht berichtet er über seinen Erfolg: *Und bald bekleidete ich in der Rhetorenschule einen ziemlich angesehenen Rang, freute mich hochmütig und blähte mich auf vor Eitelkeit.*[14] Dieser Beruf brachte für ihn noch einen weiteren schätzenswerten Vorteil: In der Spätantike waren nahezu alle Stände mit Abgaben und Pflichten überhäuft. Die Zugehörigkeit zu einem bestimmten Stand wurde vererbt, ihn zu verlassen war schwierig und nur unter bestimmten Umständen möglich. Der Beruf des Rhetoriklehrers, den Augustinus ergriff, war jedoch mit wertvollen Privilegien verbunden: Er konnte nun den ihm von Patricius vorgegebenen Stand verlassen und sein Leben weit freier führen. Als Redelehrer lebte Augustinus in Karthago von dem Hörergeld, das ihm die Studenten bzw. ihre Eltern zahlten. Die Verträge wurden über ein Jahr abgeschlossen, aber es kam nicht selten vor, daß Studenten nach elf Monaten kündigten und Augustinus für seine Bemühungen leer ausging. Jedenfalls beklagt er sich über die geringe Zahlungsmoral seiner Hörer.[15]

Wohl noch während seines Studiums hatte Augustinus eine Frau kennengelernt, mit der er im Konkubinat zusammenlebte, das als eine legitime Form des Zusammenlebens allgemein akzeptiert war. Dieser Verbindung entstammt sein Sohn Adeodatus (der Name bedeutet «von Gott gegeben»), der jedoch jung stirbt. Augustinus berichtet, daß er seiner Partnerin treu gewesen ist, wertet diese Verbindung jedoch ab, weil die *[...] unbesonnene Glut der Ausschweifung* sie gestiftet habe.[16] Diese Wertung reiht sich in zahlreiche heftige Selbstanklagen ein, in denen sich Augustinus sexuelle Haltlosigkeit und Ausschweifung vorwirft: *Was war es anderes, das mich erfreute, als zu lieben und geliebt zu werden? Der Weg von Geist zu Geist als der lichtvolle Pfad der Freundschaft war es jedoch nicht, den ich einzuhalten trachtete, vielmehr erhoben sich die Dünste aus dem Sumpf fleischlicher Begierde, aus dem sprudelnden Quell der Mannbarkeit, umwölkten und verfinsterten mein Herz, so daß sich der strahlende Glanz der Liebe nicht mehr vom Dunst der Lust unterscheiden ließ. Beides wogte, ineinander verwirrt, in mir, riß meine schwache Jugend durch die Abgründe der Leidenschaften und versenkte sie im Strudel der Laster.*[17] Beide Stellen erhellen sich gegenseitig: Mit den angeblichen Ausschweifungen Augustins kann es so weit nicht hersein, wenn er monogam gelebt hat, und die Verurteilung seines Konkubinats zeigt eine grundsätzliche Verurteilung der Sexualität, die sich im Denken des späteren Augustinus immer deutlicher ausprägt. Man lasse sich von der drastischen Metaphorik der Sprache Augustins nicht täuschen: Sein sexuelles Leben bewegte sich vollkommen im Bereich des Üblichen und Normalen. Nicht die Liebe zu einer jungen Frau, nicht die Leidenschaft ist hier das Auffällige, sondern die noch größere Leidenschaftlichkeit, mit der Augustinus meint, diese Liebe diskreditieren zu müssen. Eine rechtmäßige Ehe kam damals im übrigen nicht zustande, weil die Eltern glaubten, daß eine so frühe Bindung der Karriere ihres Sohnes hinderlich sein könnte.[18]

Trotz aller äußeren Erfolge muß Augustinus innerlich leer geblieben sein, immer wieder wird aus seinen *Bekenntnissen* deutlich, daß er in dieser Zeit ein suchender, um Gewißheiten und Sinn bemühter Mann gewesen ist. Die Rhetorik konnte diese Sehnsucht nicht erfüllen, und Augustinus versuchte auf mehreren Wegen, sichere Erkenntnis zu gewinnen. Besondere Bedeutung kommt hierbei der

Antiker Philosoph, aus einer geöffneten Schriftrolle lehrend. Detail vom sogenannten Plotin-Sarkophag. Rom, Museo Gregoriano Profano, Vatikanische Museen

Lektüre des Dialogs «Hortensius» von Cicero zu. Dieser Dialog ist nicht erhalten geblieben; immerhin wissen wir, daß er eine Werbeschrift für die Philosophie gewesen ist. Augustinus schreibt hierzu: *Es war dieses Buch, das meinen Sinn veränderte, gerade dir, Herr, meine Gebete zukehrte und mein Wünschen und Verlangen andere werden ließ. Plötzlich war all meine eitle Erwartung für mich ohne Wert, und mit unglaublicher Inbrunst begehrte ich nach der unsterblichen Weisheit; ich begann mich aufzurichten, um zu dir zurückzukehren.*[19] Mit einem Mal wurde ihm jedes Fachwissen ebenso verächtlich wie die Zugehörigkeit zu dieser oder jener philosophischen Vereinigung. Er wollte nun die Weisheit zum Orientierungspunkt seines Lebens machen. In markanter Schwarzweißzeichnung stellt er sein früheres Leben, in dem er Anstrengungen nur um des äußeren Erfolges willen auf sich genommen habe, der nun in ihm erwachten Liebe zur Philosophie gegenüber. Schon hier faßt Augustinus die Wende zur Wahrheit als eine Wende zu Gott auf. Es ist einigermaßen paradox, daß ausgerechnet Cicero, ein heidnischer Philosoph, der in den Schulen mehr seiner rhetorischen Vorzüge als seiner Inhalte wegen gelesen wurde, diese Wende auslöst: Der römische Redner Cicero befreit den Redelehrer Augustinus von der Rhetorik. Ferner ist bemerkenswert, daß Augustinus durchaus vom eleganten Latein und der Sprachmächtigkeit Ciceros gefesselt wurde. Denn als er sich wenig später wieder intensiver mit der Bibel beschäftigte, stieß ihn gerade die – natürlich durch den Kontrast zum kultivierten Latein Ciceros besonders stark empfundene – Unebenheit ihrer Sprache ab. Und es dauerte lange, bis er dieses Mißfallen überwand.

Doch wozu nutzte Augustinus diese neue Orientierung, zu der ihm der «Hortensius» verholfen hat? Nur wenige Tage nach der Lektüre schloß er sich der manichäischen Lehre an (im Jahr 373). Diese Lehre, in der sich orientalische mit griechisch-platonischen Elementen mischten, ging auf den iranischen Propheten Mani (216–277) zurück und verstand sich weniger als Konkurrenz, sondern vielmehr als Vollendung der einzelnen Religionen, einschließlich des Christentums. Sie wollte vor allem eine Antwort auf die Frage geben, wie das Böse in die Welt gelangt sei, und erklärte es durch einen kosmischen Dualismus, der dem Bösen ebenso wie dem Guten eine eigene Substanz zuschrieb. Es gebe zwei Reiche, das des

Manichäischer Priester in weißer Amtstracht. Fragment eines Buchblatts, Ostturkestan, 7.–9. Jahrhundert. Staatliche Museen zu Berlin – Preußischer Kulturbesitz, Museum für Indische Kunst

Lichts und das der Finsternis, die jeweils einem Herrscher unterständen. Die äußere Welt werde vom Stofflichen, das mit dem Bösen gleichzusetzen sei, beherrscht, und die Seele lebe in ihr wie in einem Kerker.

Augustinus trat dieser Sekte als «Hörender» bei. Die «Hörenden» hatten nicht dieselben Pflichten wie die «Erwählten» (oder «Pneumatiker»), die streng asketisch leben mußten. Dafür waren die «Pneumatiker» dem Ziel der Manichäer, der völligen Reinheit, schon sehr nahe, während die Seelen der «Hörenden» sich diesem noch durch mehrere Wiederverkörperungen annähern mußten. Aus mehreren Gründen erschien Augustinus diese Lehre anziehend: Der Manichäismus räumte der Vernunft einen höheren Rang ein als die katholische Kirche, die von ihren Anhängern verlangte, bestimmte Glaubensinhalte auf bloße Autorität hin zu akzeptieren. Wenn Augustinus später als Bischof für sich beanspruchte, Autorität zu sein, wird er seine Haltung als junger Mensch vergessen haben. Ferner war Augustinus, solange er «Hörender» blieb, nicht verpflichtet, sein Liebesleben einzuschränken, das ihm mit Gewissensbissen vorerst hinreichend gebüßt erschien. Schließlich griff diese Lehre immer wieder die Bibel, besonders das Alte Testament an, weil in ihm die Überzeugung vertreten wird, der Schöpfer und die materielle Ordnung der Dinge seien gut. Augustinus, durch die Cicero-Lektüre sprachlich sensibilisiert, war durch die stilistische Unbeholfenheit und durch logische Ungereimtheiten, die besonders das Alte Testament aufweist, abgestoßen. Daß ihm in der manichäischen Konzeption ein umfassendes Welterklärungsmodell gegenübertrat, das eine besondere Suggestivwirkung entfaltete, tat ein übriges.

Im ganzen blieb Augustinus neun Jahre Anhänger des Manichäismus. Doch hat es ihn nie gedrängt, über den Status eines «Hörenden» hinauszugelangen. Und bald schon begann er zu spüren, daß ihn diese Lehre letztlich enttäuschen mußte. Ein sich über längere Zeit hinziehender Ablösungsprozeß setzte ein. Die Begegnung mit dem berühmten Manichäer Faustus wird für ihn zu einem ernüchternden Erlebnis. Zwar ist er von den rhetorischen Fähigkeiten dieses Mannes beeindruckt, doch können diese über die sonstigen Defizite nicht hinwegtäuschen: *Nachdem mir nämlich ganz deutlich geworden war, daß Faustus in den Wissenschaften, wo er meiner Ansicht nach hätte glänzen müssen, nur Unkenntnis an den Tag legte, gab ich allmählich die Hoffnung auf, er könne die Probleme, die mich bewegten, zu meiner Zufriedenheit erhellend lösen. […] So war denn der Eifer, mit dem ich mich der manichäischen Lehre zugewandt hatte, gebrochen. Während mir jedoch gegenüber ihren übrigen Lehrern immer mehr Zweifel kamen, da ja in vielen Problemen, die mich bewegten, ihre Berühmtheit, Faustus, dermaßen kläglich versagt hatte, pflegte ich mit ihm dennoch allmählich näheren Umgang in Anbetracht seines brennenden Interesses für die Wissenschaften, die ich damals, noch Rhetor in Karthago, die jungen Leute lehrte, und las mit ihm Schriften, die er von sich aus gern lesen wollte, weil er von ihnen gehört hatte, oder von denen ich meinerseits glaubte, sie seien seiner Geistesart angemessen. Davon abgesehen, war mein ganzes Bemühen, in dieser Sekte meiner ursprünglichen Absicht gemäß vorwärtszukommen, just in dem Moment, wo ich diesen Mann kennengelernt hatte, für mich null und nichtig geworden, nicht jedoch so, daß ich mich von den Manichäern gänzlich hätte trennen wollen; als einer, der einstweilen nichts Besseres fand als das, worauf ich mich nun einmal blindlings eingelassen hatte, hatte ich vielmehr den Entschluß gefaßt, mich vorläufig damit zufriedenzugeben; vielleicht zeigte sich ja einmal etwas Lichtvolleres, dem dann der Vorzug zu geben sei.*[20] An den manichäischen Glaubensinhalten erschien Augustinus besonders die Tatsache, daß der Gott der Finsternis den Gott des Lichts bekämpfen solle, unerklärlich. Gott müsse demnach veränderlich und besiegbar sein – eine Auffassung, die mit Augustins sich herausbildender Überzeugung von der Unveränderlichkeit Gottes nicht in Einklang zu bringen war. Doch in der ersten Zeit, in der sich Augustinus von den manichäischen Ansichten entfernte, war für ihn noch keine Gewißheit in Sicht, die an die Stelle der aufgegebenen Überzeugung treten konnte. Er wußte, was ihm nicht mehr plausibel erschien, aber er wußte noch nicht, zu welcher Erkenntnis er sich jetzt bekennen sollte. Augustinus blieb in dieser Zeit auf der Suche, und für kurze Zeit scheint er sogar an der Möglichkeit, überhaupt sichere Wahrheit zu finden, gezweifelt zu haben. Er übernahm damit die Ansicht der skeptischen Philosophie, die grundsätzlich bestritt, daß der Mensch die Natur der umgebenden Welt verläßlich erkennen und deshalb zu einer begründeten Handlungssicherheit gelangen könne. Allerdings ging seine Skepsis nie in die radikale Tiefe, die Karneades und andere Skeptiker auszeichnet. Die Existenz Gottes hat Augustinus nie in Zweifel gezogen. Es ist dies das einzige Mal, daß Augustinus sich zweifelnd und unsicher zeigt – später ist er immer sicher und oft allzu sicher.

In dieser Phase des Übergangs suchte Augustinus auch eine räumliche Veränderung. Im Jahr 383 ging er nach Rom, um dort als Redelehrer tätig zu sein. Als Grund für diesen Wechsel führt er seine Unzufriedenheit mit dem Lehrbetrieb in Karthago an: *Was mich dazu bewog, will ich nicht übergehen und will es vor dir bekennen, denn auch darin zeigen sich bedenkens- und preisenswert die abgrundtiefe Verborgenheit deiner Ratschlüsse und deine stets gegenwärtige Barmherzigkeit uns gegenüber. Nicht deshalb wollte ich mich nach Rom aufmachen, weil mir von meinen Freunden, die dazu rieten, dort größere Einkünfte und ein größeres Ansehen in Aussicht gestellt wurden – obwohl mir auch derartige Verlockungen damals nicht unwillkommen waren –; der ausschlaggebende und fast einzige Beweggrund war vielmehr folgender: Ich vernahm, daß die Studenten dort friedfertiger seien und aufgrund einer strafferen Disziplin davon abgehalten würden, in Scharen und rücksichtslos in die Vorlesung eines Lehrers zu stürmen, bei dem sie gar nicht hören, und daß sie ohne Einwilligung des Lehrers gar nicht zugelassen würden. In Karthago dagegen herrscht unter den Schülern eine verabscheuenswerte und maßlose Dreistigkeit: In unverschämter Weise dringen sie in den Hörsaal ein und bringen mit an Raserei grenzender Frechheit die Ordnung durcheinander, die man gerade für die Schüler zum Zweck ihrer Fortbildung ersonnen hat.*[21] Man wird diese Begründung Augustins einleuchtend finden können, doch es ist fraglich, ob hiermit das einzige und entscheidende Argument für seinen Weggang aus Karthago angegeben ist. Tatsächlich spricht einiges für die Annahme, daß die Fahrt nach Rom auch einen Versuch darstellte, der äußerst engen Bindung an die Mutter zu entkommen. Jedenfalls verließ er gegen den Willen der Mutter Afrika, ja er hinterging seine Mutter sogar, die ihm in den Hafen gefolgt war und ihn entweder begleiten oder ihn zum Bleiben bestimmen wollte: Er gab vor, nur noch einem Freund Gesellschaft leisten zu wollen, schiffte sich jedoch heimlich selbst ein. Und wie zum äußeren Zeichen für das Seelendrama, das sich in Augustinus abgespielt haben muß, erkrankt er sofort nach seiner Ankunft in Rom.[22] Die Studenten in Rom waren im übrigen denen in Karthago durchaus ebenbürtig; auch sie prellen ihre Lehrer um das Honorar.[23] Augustinus wird froh gewesen sein, daß er die Bekanntschaft des hohen Staatsbeamten Symmachus, der aus der heidnischen Aristokratie stammte und ein bedeutender Vertreter des traditionsbewußten Römertums gewesen ist, machen und durch dessen Vermittlung 384 nach Mailand gehen konnte. Auch ma-

Augustinus als Rhetoriklehrer in Rom. Fresko von Benozzo Gozzoli. 1463–1465, San Gimignano, Sant' Agostino

nichäische Kreise waren bei diesem Karriereschritt beteiligt, deren Hilfe Augustinus ohne Scheu annahm. Auch dort war Augustinus als Rhetorikprofessor tätig, er stand nun auf dem Höhepunkt seiner weltlichen Karriere. Mailand war Residenz des kaiserlichen Hofes, und zu den Amtspflichten Augustins zählte fortan, öffentliche Ehrenreden für hochgestellte Persönlichkeiten zu halten. Doch scheint er von den mitunter kleinlichen und allzu profanen Anforderungen der Politik, auf die er sich nun einlassen mußte, enttäuscht gewesen zu sein: *In welchem Elend steckte ich doch und wie trefflich verfuhrst du mit mir, um mich meine erbärmliche Lage an jenem Tag spüren zu lassen, als ich mich anschickte, eine Lobrede auf den Kaiser [Valentinian II.] zu halten, die mit Lügen ziemlich gespickt war, und ich mir nur durch meine Lügen die Gunst derer, die das wußten, zu verschaffen suchte, als mein Herz jedoch unter der Last dieser Sorgen ächzte und wegen des fiebrigen Drucks aufreibender Gedanken stöhnte.*[25]

Mailand wird jedoch eine wichtige Station in der inneren Entwicklung Augustins. Hier begegnet er dem Bischof Ambrosius,

Augustinus und Monnica hören dem predigenden Ambrosius zu. Skulptur von Mathieu de Wayere. 1538–1543, Leuven, St. Gertrudis

der ihn tief beeindrucken und ihm neue Impulse vermitteln sollte, die ihn aus seiner Ungewißheit befreiten. An Ambrosius bewunderte Augustinus vor allem die Fähigkeit, das Alte Testament gegen die Kritik der Manichäer zu verteidigen. Ambrosius wandte konsequent die allegorische Auslegung an, und dadurch gelang es ihm, sprachliche oder inhaltliche Anstöße auszuräumen, denn diese seien nur bildlich zu verstehen und trügen eigentlich eine sinnvolle und befriedigende Aussage in sich. Da Augustinus mehrere philosophische Lehren daraufhin befragt hatte, ob sie die Ungewißheit beseitigen könnten, die durch seine Lösung von den Manichäern entstanden war, und da er sich in Mailand besonders mit dem neuplatonischen Denken befaßte, war Ambrosius für ihn noch aus einem weiteren Grund sehr bedeutsam: Sein Gottesbegriff war für einen Neuplatoniker annehmbar. Durch Ambrosius faßte Augustinus Zutrauen, daß auch innerhalb der katholischen Lehre Gott als reiner Geist gedacht und ein Ausgleich zwischen Philosophie und

Theologie erreicht werden könne. Er wurde bald Taufbewerber (Katechumene) in Mailand.[26]

Neben Ambrosius wurde die Entdeckung des neuplatonischen Denkens für Augustinus wichtig.[27] In Mailand hatte sich ein Kreis philosophisch interessierter Männer gebildet, durch deren Vermittlung Augustinus mit neuplatonischen Schriften vertraut wird. Romanianus, der in Afrika die Ausbildung Augustins unterstützt hatte, zählte zu diesem Zirkel, ferner Zenobius, Hermogenianus und Manlius Theodorus. Die entscheidende Vermittlung der neuplatonischen Philosophie stützte sich weniger auf Plotins Werk selbst, sondern eher auf Porphyrios, dessen breitangelegte Darstellung und leicht ins Lateinische übersetzbarer Stil sich dieser Vorzüge wegen unschwer in thesenartig zugespitzte Sätze überführen ließen. Inhaltlich unterschied Augustinus nicht streng zwischen Platon und Neuplatonismus. Insgesamt übernahm er aus diesem Traditionskomplex folgende Elemente in sein eigenes Denken: die Selbständigkeit der geistigen Welt; die Ablehnung jeden Materialismus; einen neuen Realitätsbegriff, vor allem die Auffassung, daß Geist und Seele wichtiger sind als sinnliche Einzeldinge; die Ideenlehre; die Ablehnung einer sensualistischen Erkenntnislehre; die Verbindung von praktischer und theoretischer Philosophie und schließlich die Forderung nach Bewußtseinsumkehr und Askese. Aus allen diesen Bausteinen entwickelte Augustinus nach und nach sein eigenes christliches Weltbild. Mit der Rezeption des Neuplatonismus verlagert er alle Sinnerwartung in die jenseitige, die intelligible, die nur vorstellbare Welt, nachdem ihm die Unsicherheit aller anderen theoretischen Ansprüche und die Fragwürdigkeit jeder auf die Außenwelt angewiesenen Lebenserfüllung (Erfolg, Ruhm, Geld) bewußt geworden sind.

Für die weitere geistige Entwicklung Augustins ist entscheidend, daß er das platonische Denken mit der Konzeption des christlichen Reichs Gottes verknüpft und dadurch den Rahmen der antiken philosophischen Tradition verläßt. Indem Augustinus die intelligible Welt mit Gott selbst gleichsetzt, ergeben sich entscheidende Konsequenzen. Die uns umgebende Welt wird nun drastisch abgewertet, das Leben hat nur noch Wert als Instrument für einen höheren Zweck. Fortan ist er von der Selbständigkeit des Geistes gegenüber dem Körper überzeugt, nachdem ihm vorher die Abhängigkeit der Seele von körperlichen Empfindungen beunruhigt hatte. Im Grunde genommen konstituiert Augustinus, der eben den manichäischen Dualismus überwunden hatte, einen neuen Dualismus, der jedoch weniger mythologisch und dramatisch ist. Im ganzen sind die Rezeption des Platonismus und die Art, wie Augustinus die antiken Philosopheme in sein eigenes Denken umsetzt, von Tendenzen bestimmt, die nicht immer unproblematisch sind und gewisse Einseitigkeiten aufweisen. So wird von ihm deutlich der Weltbezug verringert, den die antike Philosophie immer hatte: Platon, Aristoteles und den von ihnen sich herleitenden philosophischen Traditionen ging es nie allein um eine rein geistige Daseinsform, sondern immer auch um eine konkrete Gestaltung des staatlichen Lebens und der gesellschaftlichen Bezüge. Augustinus dagegen zeigt für Platon als politischen Denker kein Interesse. Und da ihm an den diesseitigen Bezügen der Philosophie nichts liegt, kann er auch zwei für die antike Philosophiegeschichte wichtige Traditionslinien kappen: Die naturwissenschaftlichen und die kosmologischen Ansätze, die in die Theorien der antiken Denker einbezogen waren, setzt Augustinus nicht fort. Auch die platonische Ideenlehre wird von Augustinus verkürzt übernommen[28], und im Gegensatz zur antiken Philosophie personalisiert er den Wahrheitsbegriff. Wahrheit im philosophischen Sinn und Gott werden von ihm als Synonyme verwendet. Damit amalgamiert er die urchristliche und jüdische Weltanschauung mit der Philosophie Platons und der Neuplatoniker.[29] Die Schwierigkeiten, die dieser Sphärenvermischung innewohnen, haben Augustinus später in eine tiefe Krise gestürzt.

Die «Bekehrung»

Auch wenn sich das Denken Augustins in dieser Zeit schnell entwickelt, so hat er sich für sein Leben noch nicht endgültig entschieden. Immer noch ist er hin und her gerissen zwischen Ehre, beruflichem Erfolg und einer prestigeträchtigen Eheschließung auf der einen Seite, einer Entscheidung für Gott und den daraus folgenden Konsequenzen für seine Lebensführung auf der anderen. Wenn er eine reiche Frau geheiratet hätte, wäre es ihm sogar möglich gewesen, ein hohes Präsidialamt zu erreichen, schreibt Augustinus.[30] Auch seine Mutter drängt ihn jetzt zur Eheschließung, jedoch nicht mit der Frau, mit der er schon lange Zeit zusammenlebt und mit der er immerhin einen Sohn hat. Über die Kälte, mit der Monnica die dafür notwendige Trennung ihres Sohnes von dieser Frau betreibt, möglicherweise sogar unverhohlen fordert, über das Motiv (Ehrgeiz, Prestige), das für die Mutter ausschlaggebend ist, vor allem über die passive Duldsamkeit Augustins, der alles mit sich geschehen läßt, als ginge ihn das nichts an, kann man mit Recht erstaunt sein. Endlich findet sich jedoch ein Mädchen, das allerdings erst in zwei Jahren heiratsfähig ist[31], erzählt Augustinus. *Inzwischen häuften sich meine Sünden, und als man die Gefährtin, mit der ich sonst mein Lager teilte, als Ehehindernis gewaltsam von mir trennte, zerriß es mir das Herz, das an ihr hing, und es blutete mir ob der tiefen Wunde. Sie war nach Afrika zurückgekehrt und legte vor dir das Gelübde ab, sie wolle von keinem anderen Mann mehr etwas wissen; den natürlichen Sohn, den ich von ihr besaß, hatte sie bei mir zurückgelassen. Aber ich Unglückseliger, der ich nicht einmal eine Frau nachahmen konnte, empfand den Aufschub, dem gemäß ich erst nach Ablauf von zwei Jahren die Braut heimführen sollte, als unerträglich, denn ich war nicht so sehr ein Freund der Ehe als vielmehr ein Sklave meiner Lust; ich verschaffte mir daher eine andere, natürlich nicht als Gattin, um dadurch den krankhaften Zustand meiner Seele unvermindert oder gar noch gesteigert gleichsam anhalten zu lassen vermittels der Stütze ununterbrochen fortdauernder Gewohnheit und ihn so ins eheliche Reich hinüberzuretten.*[32]

Aus dem Bericht der *Bekenntnisse* wird deutlich, daß die innere Unruhe Augustins immer weiter wuchs und zu einem unerträglichen, auf eine Entscheidung drängenden Zustand führte. In seiner Not wendet sich Augustinus an Simplician, den späteren Nachfolger des Ambrosius.[33] Ein Gespräch mit Ponticinus, in dem dieser von der Konversion eines kaiserlichen Beamten erzählt, wühlt ihn zudem auf.[34] Er macht sich selbst Vorwürfe, daß er nicht in der Lage sei, sein Schwanken zu beenden: *Denn viele Jahre meines Lebens waren nun schon zerronnen, zwölf Jahre etwa, seit Ciceros Hortensius in meinem neunzehnten Lebensjahr die Weisheitsliebe in mir entfacht hatte, aber ich verschob es immer, das irdische Glück zu verachten und mich ganz freizumachen für die Suche nach der Weisheit, bei der doch schon das bloße Suchen und nicht erst das Finden mehr wert ist als alle Schätze und Königreiche dieser Welt und als die Befriedigung üppiger Lüste des Körpers, selbst wenn sie auf einen Wink hin sich einstellten. Und ich, elend schon als junger Mann und besonders elend in meinen ersten Jahren als junger Mann, ich hatte dich wohl schon um Keuschheit gebeten und dabei gesagt: «Gib mir Keuschheit und Enthaltsamkeit, aber bitte nicht sofort!» Ich fürchtete, du könntest mich schnell erhören und mich schnell befreien von der Krankheit der Begierde, die ich lieber auskosten als auslöschen wollte.*[35] Schließlich kommt es zur Bekehrung, die Augustinus in einem ebenso spannenden wie kunstreichen Bericht erzählt: *Dann, in dem großen Aufruhr meines inneren Menschen, den ich mit meiner Seele so heftig entfacht hatte in der Kammer meines Herzens, stürzte ich, verstört im Gesicht und im Geist, zu Alypius und rufe ihm zu: «Wie halten wir das aus? Was bedeutet das? Hast du es gehört? Ungelehrte stehen auf und reißen das Himmelreich an sich, und wir mit unserer herzlosen Wissenschaft, sieh, wir wälzen uns in Fleisch und Blut. Schämen wir uns, ihnen zu folgen, weil sie die ersten waren, oder müssen wir uns nicht eher schämen, daß wir ihnen nicht einmal folgen?» So ungefähr sprach ich zu ihm, dann riß mich meine Erregung von ihm los, denn er stand wie vom Blitz getroffen schweigend da und starrte mich an. Das waren ja auch ungewohnte Töne. Und mehr als die Worte, die ich hervorstieß, drückten Stirn und Wangen, Augen, Gesichtsfarbe und Stimmlage meinen geistigen Zustand aus. Zu unserem Haus gehörte ein kleiner Garten, den wir benutzen durften wie das ganze Haus, denn unser Gastgeber, der Hausherr, wohnte selbst nicht da. Dorthin trieb mich der Kampf in meiner Brust; niemand sollte dazwischentreten. […] Ich wußte, wie krank ich war, aber ich ahnte nicht das Gute, das bald auf mich zukommen sollte. […] Als dann aber ein tieferes Nachdenken mein ganzes Elend aus dem verborgenen Grund meines Herzens hervorzog und vor meinem inneren Auge ausbreitete, da brach ein ungeheurer Sturm in mir los, mit einem Wolkenbruch von Tränen. Um ihn ganz aus mir herauszulassen – mit den Stimmen, die dazugehörten –, sprang ich auf, weg von Alypius. Ich brauchte die Einsamkeit für das Werk der Tränen. Ich zog mich ziemlich weit zurück, so daß mich nicht einmal die Gegenwart des Alypius stören konnte. So stand es um mich, und er ahnte es. Ich glaube auch, ich hatte irgend etwas zu ihm gesagt, schon mit tränenschwerer Stimme, und war dann aufgestanden. Er blieb zurück, wo wir gesessen hatten, tief erschüttert. Ich warf mich unter einem Feigenbaum zur Erde, ich weiß nicht, wie. Ich unterdrückte nicht länger meine Tränen. Ströme brachen hervor aus meinen Augen: ein Opfer, das du gern annimmst. Und dann redete ich lange mit dir, nicht genau mit diesen Worten, wohl aber in diesem Sinn: «Und du, Herr, wie lange noch? Wann, Herr, wird dein Zorn ein Ende haben? Vergiß jetzt unsere alten Sünden!» Denn ich spürte: Nur sie hielten mich auf. Bemitleidenswerte Worte stieß ich aus: «Wie lange noch, wie lange noch, dieses ‹Morgen,*

Augustinus, die Briefe des hl. Paulus lesend.
Fresko von Benozzo Gozzoli. 1464/65, San Gimignano, Sant' Agostino

ja morgen›? Warum nicht sofort? Warum soll meine Schande nicht in dieser Stunde enden?» Dies sagte ich und weinte, bittere Zerknirschung im Herzen. Und da, plötzlich, höre ich die Stimme aus dem Nachbarhaus, wie die eines Kindes, ich weiß nicht, ob eines Jungen oder eines Mädchens, die im Singsang ausruft und oft wiederholt: «Nimm und lies, nimm und lies!» Sofort änderte sich mein Gesicht, und ich überlegte gespannt, ob es etwa ein Kinderspiel gebe, bei dem sie einen solchen Vers trällern; aber ich konnte mich nicht erinnern, das irgendwo gehört zu haben. Ich hemmte den Lauf der Tränen und stand auf, denn ich konnte das nur so deuten, Gott befehle mir, ein Buch aufzuschlagen und die Stelle zu lesen, auf die als erste mein Blick fallen werde. Denn von Antonius hatte ich gehört, daß er einmal zufällig dazukam, als das Evangelium verlesen wurde. Der Text habe ihn aufgerüttelt, als sei, was verlesen wurde, für ihn gesagt: Geh, verkaufe alles, was du hast, und gib es den Armen! So wirst du einen Schatz im Himmel haben. Dann komm und folge mir nach! Dieser Spruch habe ihn sofort zu dir bekehrt. Deswegen eilte ich erregt zu dem Platz zurück, wo Alypius saß, denn dort hatte ich das Buch mit den Paulusbriefen hingelegt, als ich aufstand. Ich riß es an mich, schlug es auf und las still für mich den Abschnitt, auf den zuerst mein Auge fiel: Nicht in Schmausereien und Trinkgelagen, nicht in Unzucht und im Bett, nicht in Streit und Neid, sondern zieht den Herrn Jesus Christus an und sorgt euch nicht um das Fleisch und seine Begierden. Weiter wollte ich nicht lesen; es war nicht nötig. Denn sofort, als ich den Satz zu Ende gelesen hatte, strömte das Licht der Gewißheit in mein Herz; jegliche Finsternis des Zweifels war verschwunden.

Dann schloß ich das Buch, nachdem ich den Finger oder sonst ein Zeichen an die Stelle gelegt hatte. Mit einem Gesicht, in das Ruhe zurückgekehrt war, erklärte ich mich dem Alypius. Und er erklärte mir, was jetzt in ihm vorging und was ich nicht wußte: Er wollte die Stelle sehen, die ich gelesen hatte. Ich zeigte sie ihm, und er las aufmerksam, sogar über die Stelle hinaus, die ich gelesen hatte. Ich wußte nicht, was danach kam. Es stand da aber: Des Schwachen im Glauben aber nehmt euch an. Diese Stelle bezog er auf sich, und er sagte mir das. Diese Mahnung stärkte ihn nur in seinem heiligen Vorsatz, der voll übereinstimmte mit seiner Lebensführung, die schon lange soviel besser war als meine; er schloß sich mir an, ohne Zaudern und ohne innere Wirren. Von da gehen wir hinein zur Mutter. Wir sagen es ihr; sie freut sich. Wir erzählen ihr, wie alles gekommen ist; sie jubelt und triumphiert. Sie pries dich, daß du mächtig bist, mehr zu tun, als wir erbitten und erkennen können. Denn sie sah, daß du ihr für mich mehr gewährt hast, als was sie weinend und jammernd zu erbitten pflegte. Denn du hast mich so zu dir bekehrt, daß ich weder eine Gattin suchte noch irgendeine Hoffnung dieser Welt. Jetzt stand ich auf jener Regel des Glaubens, auf der du mich ihr vor Jahren im Traum gezeigt hattest. Du hattest ihre Trauer in Freude verwandelt, viel überschwenglicher, als sie es gewünscht hatte, eine Freude, viel wertvoller und keuscher als die, die sie erwartet hatte von Enkeln aus meinem Fleisch.[36] Augustinus berichtet anschließend, daß er nach seiner Bekehrung das Lehramt für Rhetorik aufgegeben habe[37], er erwähnt hierbei auch ausdrücklich gesundheitliche Probleme, die ihn ohnehin zu einer zumindest zeitweisen Unterbrechung dieser Tätigkeit gezwungen hätten.[38]

Die Schilderung seiner Bekehrung ist berühmt. Der Text entfaltet eine gewaltige Suggestivkraft, die über stilisierende Züge, die diese Schilderung unzweifelhaft aufweist, leicht hinwegtäuschen kann.

Die Offenbarung «Tolle, lege». Zeichnung von Charles Le Brun (1610–1690). Paris, Musée du Louvre

Trotzdem lohnt es sich, dem artifiziellen Charakter dieses Berichts etwas nachzugehen. Sosehr Augustinus Pathos, Affekt und Gefühl vorherrschen läßt, so eindeutig ist sein Text auch gekonnt kalkuliert, ist er um bestimmter Absichten willen gemacht, ist er auch rhetorisch. Unverkennbar dienten verschiedene christliche Bekehrungserzählungen Augustinus als (bewußte oder unbewußte) Vorbilder. Es läßt sich an das Damaskus-Erlebnis des Paulus denken. Und wie Augustinus soll Antonius (gest. 356), der nicht zufällig in dem Bekehrungsbericht mehrfach erwähnt wird, unter dem Eindruck eines Schriftwortes sein bisheriges Leben aufgegeben und statt dessen ein Dasein in völliger Armut gewählt haben. Antonius hatte sich mit zwanzig Jahren von der «Welt» abgewandt und sich immer tiefer in die Wüste zurückgezogen, um das asketische Lebensideal zu verwirklichen. Athanasios, der Bischof von Alexandria, hatte diesem Wüstenheiligen eine Biographie gewidmet, die große Verbreitung fand. Parallelen lassen sich schließlich zu einem Bekannten aus dem neuplatonischen Kreis in Mailand herstellen, zu Marius Victorinus, der ähnlich wie Augustinus zunächst Rhetor und Philosoph gewesen ist und sich dann zum Christentum bekehrte. Von den zahlreichen in die Erzählung eingearbeiteten literarischen und biblischen Anspielungen sei noch der Feigenbaum aus Johannes 1,48 erwähnt. Alle diese Parallelen und Bezüge zu anderen Texten machen wahrscheinlich, daß die Bekehrungserzählung aus den *Bekenntnissen* nicht nur und vielleicht auch nicht vorrangig als authentischer Bericht gelten kann, sondern stilisierende und interpretierende Tendenzen aufweist.

Da in anderen autobiographischen Schriften Augustins der Be-

Christlicher Sarkophag aus dem 3. Jahrhundert: in der Mitte der Philosoph und der betende Konvertit. Rom, Santa Maria Antiqua

richt in dieser Gestalt fehlt, wird diese Vermutung noch wahrscheinlicher. Die Schrift *Über das glückselige Leben* (*De vita beata*) begründet die Aufgabe des Rhetorenberufs nahezu ausschließlich mit einem Brustleiden, das es ihm nicht mehr gestattet habe, dieser Tätigkeit nachzugehen.[39] Der Text der *Bekenntnisse* weist also in jedem Fall eine deutliche Steigerung auf: Der gesundheitliche Anlaß ist hier in den Hintergrund getreten, als entscheidend werden ein wunderbares Schriftorakel und ein inneres Erlebnis gewertet. Wieder anders dagegen gewichtet der Dialog *Gegen die Skeptiker* (*Contra academicos*). Dort betont Augustinus die Bedeutung, die die Lektüre der philosophischen, das heißt der ihm in Mailand bekannt gewordenen neuplatonischen Bücher für seine Bekehrung besaß. Die Gartenszene sowie die Paulus-Stelle werden hier nicht erwähnt. Aus dieser Darstellung ist mitunter der Schluß gezogen worden, Augustinus sei in erster Linie zum Neuplatonismus übergetreten, weniger zum Christentum. Diese Spekulation ist jedoch abwegig, da neuplatonische Gedanken bei Augustinus mit christlichen Elementen untrennbar vermischt werden und aus dieser Verbindung letztlich christliches Denken entsteht. Diese unterschiedlichen Akzentsetzungen in den einzelnen Werken Augustins lassen schon die Folgerung zu, daß in jedem Fall ein Bündel von Motiven letztlich die Bekehrung Augustins ausgelöst hat: die Krankheit, die ihm den Beruf erschwert hat; seine theoretisch-philosophischen Überlegungen; vielleicht auch ein gewisser Überdruß am politischen Spiel der Macht, das er in Mailand kennengelernt hat und das ihm eine Weltflucht als angenehme Alternative zu einer weiteren Verstrickung in politische Zwänge erscheinen ließ. Der Bericht der *Bekenntnisse* ist jedoch deutlich daraufhin angelegt, die anderen, weniger wunderbaren Motive in den Hintergrund treten zu lassen und die Bekehrung in gewisser Weise mythisch zu überhöhen: Wie ein Augustinus zum rechten Glauben gelangt ist, kann nicht auf unspektakuläre Weise geschehen sein.

Die Bekehrung führte zu einer neuen Lebensweise. Augustinus gab seine Lehrtätigkeit auf und zog sich mit seinem Freundeskreis auf das Landgut Cassiciacum zurück, das ihm ein wohlhabender Freund zur Verfügung stellte. Zu diesem Zirkel zählten auch sein Sohn Adeodatus und seine Mutter, die ihm inzwischen – man möchte sagen: erwartungsgemäß – aus Afrika nachgereist war. Der Aufenthalt in Cassiciacum wird zu einer geistig sehr fruchtbaren Epoche in der Entwicklung Augustins; die Zeit war mit Ge-

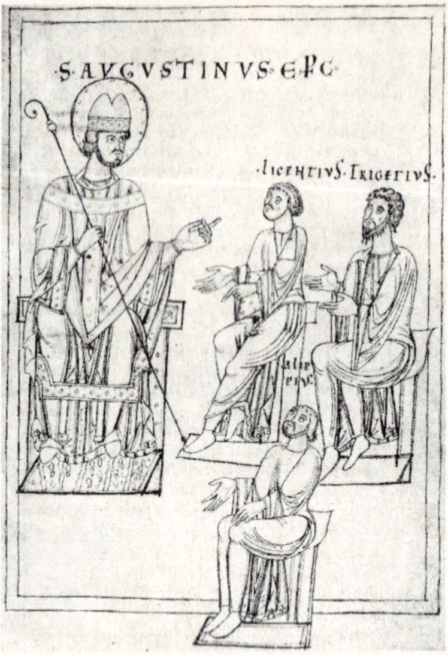

Augustinus im Gespräch in Cassiciacum. Buchmalerei aus dem 12. Jahrhundert. Wien, Österreichische Nationalbibliothek, Cod. lat. 1009, fol. I r°, S. XII

sprächen über christliche und philosophische Themen angefüllt. Dokument dieser Phase sind mehrere Dialoge, in denen Augustinus eine Verbindung von Philosophie und Christentum versuchte. Er fand nun endgültig zu einer Welterklärung, die die manichäische Lehre hinter sich ließ. Besonders die etwas später entstandene Schrift *Über die wahre Religion* (*De vera religione*) hat eine ausgeprägt antimanichäische Tendenz und bezeugt, welche Position Augustinus in der Frage einnimmt, wie das Böse zu erklären und zu bewerten sei. Die sinnliche Welt sollen die Menschen zwar verachten, aber nicht weil sie durch und durch schlecht sei, wie die Manichäer glauben, sondern weil sie zu einer höheren Lebensweise berufen sind. Wer sein Glück auf die sichtbare Welt setze, der verspiele den ihm zukommenden Rang. Das Böse selbst erklärt Augustinus nicht mehr durch die Existenz eines Gottes der Finsternis, sondern durch die sogenannte Privationstheorie, nach der die gesamte geschaffene Welt an sich gut ist, die Seinsstufen jedoch, die sie durchziehen, zugleich als Seinsgrade verstanden werden. Die körperliche Welt hat deshalb einen geringeren Rang als die geistige; und die ihm gemäße Vollkommenheit erreicht der Mensch nur, wenn er sein Leben an der «oberen Welt» ausrichtet.

Zwischen Bibel und Platonismus sah Augustinus zu dieser Zeit keinen Unterschied, wie er in den *Bekenntnissen* später kritisch bewerten wird: *Was ich dort literarisch hervorbrachte, diente gewiß schon dir, aber es lechzte auch wie im Atemholen nach der Überheblichkeit der Schule.*[40] Das Christentum erschien ihm jedoch damals als legitimer Erbe der griechischen Philosophie. In der Schrift *Über die wahre Religion* faßt er diesen Optimismus in die Worte: *Denn wenn jene Männer, mit deren Namen sie sich brüsten, wieder zum Leben kämen und sähen die vollen Kirchen und verlassenen Tempel, sähen ferner, wie das Menschengeschlecht von der Gier nach den zeitlichen und vergänglichen Gütern weg und zur Hoffnung auf das ewige Leben sowie geistliche und geistige Güter hingerufen wird und dem Ruf auch folgt, dann würden sie wohl sagen, falls sie wirklich so wären, wie sie gewesen sein sollen: «Das ist's, was wir nicht wagten, den Leuten ernsthaft nahezulegen. Haben wir uns doch statt dessen lieber ihren üblen Gewohnheiten angepaßt, statt sie zu dem, was wir glaubten und wollten, hinzuführen.» Wenn also jene Männer noch einmal das Leben mit uns teilen könnten, würden sie ohne Zweifel einsehen, durch wessen Autorität den Menschen soviel leichter zurechtgeholfen wird. Dann brauchten sie nur wenige Worte und Ansichten zu ändern, um selbst Christen zu werden. So haben es ja die meisten Platoniker unserer jüngsten Zeit gemacht.»*[41] In seinem Werk über den Gottesstaat wird Augustinus betonen, daß keine anderen Philosophen den Christen so nahe gekommen seien wie Platon und seine Schule.[42] Und er spekuliert weiter: *Hätten Platon und Porphyrius sich über die besonderen Lehrmeinungen, die jeder von ihnen vertrat, aussprechen können, wären sie vielleicht Christen geworden.*[43]

Die Annäherung von Christentum und Platonismus ließ sich jedoch nicht ohne intellektuelle Gewaltanwendung herstellen. Fügten sich diese beiden Richtungen tatsächlich so bruchlos zusammen, wäre es nicht erklärlich, weshalb manche Platoniker scharfe Kritiker des Christentums gewesen sind. Augustinus jedoch gemeindet großzügig ein. Auch dürfen die Unterschiede zwischen neuplatonischer Philosophie und Christentum nicht übersehen werden. Es muß stets im Auge behalten werden, wie Augustinus zwar geschult und angeregt durch neuplatonisches Philosophieren seine Form des Christentums entwickelte, sich dabei aber doch von zentralen Positionen und Bedingungen antiken Denkens entfernte und etwas Neues, eben seine Form der christlichen Lehre, gestaltete. Wie sehr sich Augustinus vom Boden der platonischen Philosophie entfernt hatte, wird besonders nach seiner Taufe deutlich, die Augustinus Ostern 387 zusammen mit Adeodatus und seinem Freund Alypius von Ambrosius empfangen hat. Erstmals war er in dieser Zeit darum bemüht, das Verhältnis zwischen Vernunft und Autorität, Geist und Gnade zu bestimmen. Im Lauf seines Lebens wird Augustinus immer mehr der Autorität und der Gnade Priorität einräumen und gleichzeitig den Eigenwert der menschlichen Vernunft zurückdrängen. Bereits jetzt erkannte er erstmals die Autorität an: Die Autorität komme zeitlich zuerst, sie sei die legitime erste Stufe, die aber dadurch, daß die Vernunft folge, allmählich überflüssig werden solle.[44] Indem die christliche Religion nicht nur durch Vernunft Überzeugung herstellen konnte, sondern auch durch Autorität, hatte sie nach Ansicht des Augustinus einen wesentlichen Vorzug gegenüber den antiken Philosophien. Während diese jeweils nur wenige Anhänger für sich gewinnen konnten, hatte die Kirche eine ungleich größere Anzahl von Menschen anziehen können. Augustinus läßt Zahlen zu Argumenten werden, und er gibt der mangelnden Demut der Platoniker, dem daraus resultierenden Individualismus des Denkens sowie ihrer notorischen Zerstrittenheit die Schuld an ihrer Einflußlosigkeit.[45] Ihnen fehle das gemeinsame Leben, das der Christ durch die Kirche besitzt, die sogar ganze Völker vereinigen kann.[46] Augustinus folgert hieraus, daß sich mit Vernunft offensichtlich nur wenige befreien lassen, für die breite Masse muß die Autorität hinzukommen.[47] Das Christentum hatte, vor allem durch die Offenbarung der Bibel und durch die Menschwerdung Christi, für die Massen dasjenige erfahrbar und zugänglich gemacht, was die antiken Philosophien für einen jeweils kleinen Kreis als Lehre anboten. Auf diese Weise riefen nicht mehr nur Theoriegebilde und Worte zur Umkehr auf, sondern eine erlebbare Wirklichkeit.

Nach der Taufe plante Augustinus, wie er in seinen zwischen 426 und 427 entstandenen *Retractationes* – der Titel bedeutet etwa «Überprüfungen» oder «Verbesserungen» und meint eine kritische Durchsicht seiner Werke – erwähnt, wissenschaftliche Lehrbücher aus christlicher Sicht zu verfassen und gewissermaßen ein christliches Pendant zum antiken Bildungsprogramm zu erstellen. Von diesem Plan sind jedoch nur das Werk über die Grammatik sowie fünf Bücher über die Musik ausgeführt worden. Weshalb Augustinus diese Absicht nur unvollständig verwirklicht hat, ist unklar. Über Gründe läßt sich nur spekulieren, möglicherweise hat die Akzentverlagerung von der Vernunft auf die Autorität als die entscheidende orientierung-

Betende Frau mit Mann. Detail von einem Sarkophag, 4. Jahrhundert. Arles, Musée de l'Arles Antique

gebende Kraft Augustinus von der Konzeption einer christlichen Wissenschaft abrücken lassen. Vielleicht hat aber auch die Überlegung den Ausschlag gegeben, für das Christentum unmittelbar und praktisch nützlich werden zu wollen. Jedenfalls beschlossen Augustinus und sein Freundeskreis, wieder nach Afrika zurückzukehren.[48] Kurz vor der Abfahrt aus dem Hafen Ostia starb seine Mutter Monnica. Selbstverständlich läßt sich Augustinus in den *Bekenntnissen* diese Gelegenheit, seine Mutter zu würdigen, nicht entgehen. Sogar ein gemeinsames spirituelles Erlebnis, eine Vision, die er mit seiner Mutter kurz vor ihrem Tod gehabt haben will, wird erzählt. Er habe mit seiner Mutter über das vollendete Glück des ewigen Lebens gesprochen: *Als unsere Unterhaltung zu dem Ergebnis kam, fleischliche Sinnesgenüsse, wie groß sie seien und in welchem körperlichen Glanz auch immer sie erstrahlten, duldeten mit der Freude jenes Lebens nicht nur keinen Vergleich, sondern seien nicht einmal der Erwähnung wert, da richteten wir uns in noch glühenderem Verlangen nach ihm auf und durchwanderten dabei alle körperlichen Stufen, auch den Himmel, von dem aus Sonne, Mond und Sterne die Erde beleuchteten. Und noch höher stiegen wir, im stillen Nachdenken, im Gespräch, beim Bewundern deiner Werke. Und wir kamen zu unseren Geistseelen und überstiegen auch sie, um die Region nie versagenden Überflusses zu berühren, wo du Israel auf ewig weidest auf der Wiese der Wahrheit. Das Leben dort, das ist die Weisheit, durch die all diese Dinge geworden sind, auch alles, was war und was sein wird. Aber sie selbst wird nicht, sondern sie ist so, wie sie war, und so wird sie immer sein. Oder besser: Gewesensein und Zukünftigsein ist in ihr nicht, sondern nur Sein, weil sie ewig ist; denn was war und was sein wird, ist nicht ewig. Und sieh, während wir sprechen und uns hinaufsehnen, berühren wir diese Weisheit ein wenig mit dem ganzen Aufzucken unseres Herzens.*[49] Wie sich an dieser Stelle neuplatonische Stilisierung, die unverkennbar spürbar ist, und tatsächliches Erlebnis zueinander verhalten, ist naturgemäß schwer zu entscheiden.

Bischof von Hippo

Augustinus betrat wieder Afrika, das er nicht mehr verlassen sollte. Mit seiner Ankunft begann ein neuer Lebensabschnitt. Lebte er in Mailand in engem Kontakt mit intellektuell und gesellschaftlich hochstehenden Menschen und ging er dort in vornehmen Häusern ein und aus, kehrt er nun wieder in eine einfachere Welt zurück. Offenbar wollte sich Augustinus zunächst wie in Cassiciacum zurückgezogen mit geistigen Fragen beschäftigen und lebte zwischen 388 und 391 zusammen mit Freunden in einer klosterähnlichen Gemeinschaft in seiner Heimatstadt. Doch wurde er bald über diesen engen Kreis hinaus bekannt. Oft fragte man ihn um Rat, den er auch freigebig erteilte. Und da die afrikanische Kirche sich im Aufbau befand, mußte Augustinus ständig damit rechnen, ein hohes kirchliches Amt angetragen zu bekommen. Doch Augustinus zierte sich.

Die Ruinen des alten Hippo Regius. Im Hintergrund die Augustinus-Basilika von Bône

Schließlich wird er bei einem Aufenthalt in Hippo gedrängt, sich zum Priester weihen zu lassen (391). Der amtierende Bischof von Hippo, ein gebürtiger Grieche namens Valerias, war der lateinischen Sprache nicht hinreichend mächtig und wollte Augustinus zum Mitbischof machen, um einen geeigneten Prediger zu gewinnen.[50] So sehr trieb ihn die Sorge, eine andere Gemeinde könnte ihm zuvorkommen, daß er Augustinus versteckt hielt.[51] Obwohl es nach geltendem Kirchenrecht eigentlich nicht möglich war, zu Lebzeiten eines amtierenden Bischofs einen weiteren zu weihen, setzte er sein Anliegen bei dem Bischofsprimas von Karthago schließlich durch[52]: Augustinus wird zunächst zum Mitbischof geweiht und wird wenig später, nach dem Tod des Valerias, zum alleinigen Bischof von Hippo. Datiert wird dieser letzte Karrieresprung meistens

Baptisterium bei der Großen Kirche von Hippo Regius.
Im Vordergrund das Taufbecken aus der Zeit Augustins

in das Jahr 395, doch ist diese Angabe nicht ganz gesichert, es kommt ein Zeitraum zwischen März 395 und August 397 in Frage.[53] Augustinus beschrieb später seine Ernennung zum Bischof: *Ich, den ihr durch Gottes Gnade als euren Bischof seht – ich kam als junger Mann in diese Stadt, wie viele von euch wissen. Ich suchte nach einem Platz, ein Kloster zu errichten, um dort mit meinen Brüdern zu leben. In dieser Welt hatte ich alle Hoffnungen aufgegeben. Was ich hätte sein können, wünschte ich nicht zu sein, noch suchte ich zu sein, was ich jetzt bin. Denn ich wählte, «demütig im Hause meines Gottes» zu sein, anstatt «in den Zelten der Sünder zu leben» (Ps 83,11). Ich hielt mich von jenen fern, die die Welt liebten, aber ich hielt mich nicht jenen gleich, die die Gemeinden leiteten. An der Tafel des Herrn übernahm ich keine höhere Stellung, sondern wählte einen niedrigeren und zurückgezogenen Platz: und es gefiel ihm zu sagen: «Rücke höher hinauf.» Ich fürchtete das Bischofsamt so sehr, daß ich, sobald mein Ruf unter den «Dienern Gottes» eine Rolle spielte, in keinen Ort mehr ging, von dem ich wußte, daß dort kein Bischof sei. Dagegen war ich auf der Hut: Ich tat, was ich nur konnte, um in einer demütigen Stellung eher gerettet zu werden, als in einer hohen zu Fall zu kommen. Doch wie ich sagte, ein Knecht darf seinem Herrn nicht widersprechen. Ich kam in diese Stadt, um einen Freund zu sehen, von dem ich dachte, ich könnte ihn für Gott gewinnen, so daß er mit uns in dem Kloster lebe. Ich fühlte mich sicher, denn der Ort hatte schon einen Bischof. Ich wurde ergriffen, wurde zum Priester geweiht und stieg zum Bischof auf.*[54]

Als das Volk von Hippo stürmisch die Priesterweihe forderte und der klerikale Aufstieg des Augustinus seinen Anfang nahm, soll er geweint haben. Possidius, der eine Biographie Augustins verfaßt hat, weist die Deutung, der Stolz auf das Amt habe diese Tränen hervorgepreßt, zurück und ist statt dessen der Ansicht, daß Augustinus das Bewußtsein von der Tragweite dieses Amtes und nicht zuletzt von den mit ihm durchaus verbundenen Gefahren ergriffen habe. Auch habe ihn die Notwendigkeit beschäftigt, seinen bisherigen Lebensentwurf zurückgezogener Geistesarbeit für ein solches Amt aufzugeben, zumindest jedoch hintanzustellen.[55]

In der Tat war die Situation in Hippo ungeheuer schwierig. Augustinus fand keine in sich gefestigte Kirche vor, sondern ihre Strukturen mußten täglich neu gegen viele Anfechtungen und Bedrohungen gesichert werden. Die Manichäer hatten sich in der neuen Gemeinde Augustins einen breiten Einfluß verschafft. Und zu einer besonderen Herausforderung wurde die Kirche des Donatus, die sich von der katholischen abgespalten hatte. Das donatistische Schisma hatte auch die Bevölkerung polarisiert, die Stimmung war gereizt. Es kursierten Verbote wie das, donatistische Bäcker dürften für Katholiken kein Brot backen. Die Aufgaben eines Bischofs waren ohnehin für Augustinus ungewohnt, und der Druck, den er auf sich lasten gefühlt hat, dürfte hoch gewesen sein. Schon als er zum Priester geweiht worden war, schrieb er an Valerias: *Vor allem bitte ich deine Weisheit zu bedenken, daß es zwar in diesem Leben und besonders in unserer Zeit nichts Leichteres, Erfreulicheres und bei den Menschen Beliebteres gibt als das Amt eines Bischofs, Priesters oder Diakons, wenn man nämlich die Sache nur obenhin und von der günstigen Seite betrachtet, daß es aber dann vor Gott nichts Elenderes, Traurigeres und Verdammlicheres gibt; kämpft man dagegen nach der Vorschrift unseres Feldherrn, so gibt es in unserem Leben und besonders zu unserer Zeit nichts Schwierigeres, Mühsameres und Gefahrvolleres als das Amt eines Bischofs, Priesters oder Diakons, hingegen*

nichts Glückseligeres vor Gott. In welcher Weise aber dieser Kampf zu führen sei, das habe ich weder als Kind noch als Jüngling gelernt; da ich es aber zu lernen begann, geschah mir infolge meiner Sünden Gewalt (anders wußte ich es mir nicht zu deuten!), so daß ich den zweiten Platz am Steuerruder einnehmen mußte, obwohl ich nicht einmal das Ruder zu halten verstand. Doch Gott hat offenbar diese Strafe über mich verhängen wollen, weil ich, ohne von der Sache etwas zu verstehen, die Fehler vieler Schiffslenker zu tadeln wagte, gleich als wäre ich ihr Lehrmeister und besser als sie. Selbst nun mitten in dieses Amt hineingestellt, merkte ich nach und nach, wie frevelhaft mein Tadel gewesen, obschon ich auch schon früher dieses Amt für ein höchst gefahrvolles gehalten habe. Daher kamen jene Tränen, die einige Mitbrüder mich, da ich eben ausgeweiht war, vergießen sahen.[56]
Als Bischof fühlte er jetzt eine noch größere Verantwortung, der er gerecht werden mußte und die unmittelbar das Seelenheil seiner Gemeinde betraf. In einer Predigt stellt er sich die Frage, wofür er lebe. Es sei seine Absicht, daß er und seine Gemeinde zusammen mit Christus lebten. *Das ist meine Begierde, meine Ehre, mein Ruhm, meine Freude, mein Besitz. Aber wenn ihr mich nicht gehört habt, ich*

Porträt einer frommen Christin. 4. Jahrhundert, Rom, Katakombe der Vigna Massimo

aber trotzdem nicht geschwiegen habe, werde ich meine Seele befreien. Aber ich will nicht gerettet sein ohne euch.[57]

Aus dem Blickwinkel der Wirkungsgeschichte entsteht leicht der Eindruck, als sei im Leben Augustins die eigentlich bewegte und interessante Epoche die bis zu seiner Bekehrung gewesen und als würde die Zeit, in der er in Hippo sein Bischofsamt ausübte, vergleichsweise ruhig verlaufen sein. Doch dieser Anschein trügt: Während sein Leben als Rhetoriklehrer sich äußerlich recht unbewegt darstellte, war seine Bischofszeit in hohem Maße dem Leben in seiner ganzen Fülle ausgesetzt. Auch wenn Augustinus während seiner Zeit als Bischof ein außergewöhnlich umfangreiches Werk verfaßt hat, hat er doch keineswegs in kontemplativer Ruhe sein geistiges System konzipieren können. Er war viel auf langen, durch die Transportmittel wie den Zustand der Wege äußerst anstrengenden Reisen; er nahm an zahlreichen Konzilen und Synoden teil; er hatte als Bischof auch richterliche Aufgaben, die ihn beinahe jeden Vormittag mit der Schlichtung von Zivilstreitigkeiten beschäftigten. Und nicht zuletzt mußte er sich immer wieder der Frage stellen, wie eigentlich die Kirche, die sich stetig weiter ausbreitete, organisiert werden sollte. Hinzu kamen die bereits erwähnten Auseinandersetzungen mit religiösen Gegnern, die Augustinus sehr engagiert führte und die ihm einen Ruf einbrachten, der ihm eine Führungsrolle in der nordafrikanischen Kirche sicherte. Augustinus stritt sein ganzes Leben lang, und dieser Eifer machte ihn zwangsläufig zu einer einflußreichen Größe der Kirche. Zunächst bekämpfte Augustinus die Manichäer, anschließend galt seine Aufmerksamkeit dem donatistischen Schisma. Und schließlich waren die Jahre von 412 bis 430 durch die Auseinandersetzung mit dem Pelagianismus geprägt.

Der Kampf gegen die Manichäer hielt bis 400 an. Seine Vergangenheit als Angehöriger dieser Religion drohte ihn wieder einzuholen. Es gab öfter Vorwürfe, daß er eigentlich noch Manichäer sei. Schon bei der Bischofsweihe kam es zu einem Eklat, als der rangälteste Bischof Numidiens, Megalius von Calama, ihn als heimlichen Manichäer diffamierte. Ein Höhepunkt in seiner Auseinandersetzung mit den Manichäern war die Debatte, in der sich am 28. August 392 Augustinus und sein früherer Freund, der Manichäer Fortunatus, gegenüberstanden. Augustinus setzte sich durch, und Fortunatus verließ bald darauf die Stadt für immer.[58] Ein entscheidender Sieg war damit errungen, wenn auch die Kontroverse immer wieder aufflammte.

Gegen die Donatisten

Die Auseinandersetzung mit den Donatisten, deren Stationen sich in zahlreichen Abhandlungen Augustins ablesen lassen, war schwieriger und langwieriger, denn ihre Vorkämpfer ließen sich auf öffentliche Auseinandersetzungen nicht ein. Mit einem beherzten rhetorischen Angriff allein war ihnen nicht beizukommen. Die sogenannten Circumcellionen verschärften das Problem noch beträchtlich. Diese Gruppe, die sich häufig aus den punischsprechenden Saisonarbeitern rekrutierte, plünderte die Güter der Katholiken. Die Bedeutung dieser Gruppenbezeichnung ist nicht ganz geklärt. «Cella» (lat.) bezeichnet die Scheune und übertragen auch das Kirchengebäude, der Name könnte also etwa die «um die Scheunen oder Kirchen herum» bedeuten. Anhänger der Donatisten entstammten vor allem der unterprivilegierten berberischen Landbevölkerung, während die Reichskirche in hohem Maß bei den Städtern, und hier besonders in der Oberschicht Fuß gefaßt hatte. In dem donatistischen Schisma wirkten also soziale Ungleichheiten und dadurch ausgelöste Unruhen mit religiösen Motiven zusammen und führten zu einer gespannten, mitunter explosiven Lage. Insbesondere bei den Circumcellionen zeigte sich eine Verbindung aus sozialrevolutionären und eschatologischen Beweggründen.

Die donatistische Bewegung ging auf die letzte heidnische Christenverfolgung zu Beginn des 4. Jahrhunderts zurück. Die Donatisten glaubten, daß die katholische Kirche damals durch Caecilian von Karthago befleckt worden sei. Dieser hatte von einem Mann die Bischofsweihe empfangen, der für die Auslieferung heiliger Schriften und kirchlicher Gefäße während der Zeit der Christenverfolgung verantwortlich war.[59] Von diesem «Sündenfall» der katholischen Kirche wollten sich die Donatisten abheben und traten deshalb für eine kompromißlose christliche Lebensführung ein. Wer diesem Ideal nicht genügen konnte oder in der Verfolgungszeit Verfehlungen begangen hatte, wurde in der donatistischen Kirche nicht akzeptiert. Diese Lehre konnte sich besonders in den nordafrikanischen Gemeinden ausbreiten, denn ein ausgeprägter moralischer Rigorismus prägte das Christentum in Nordafrika. Hier hatte sich eine besondere Wertschätzung der Selbstvervollkommnung durch Askese und rituelle Übungen etablieren können, die sich mitunter zu einem regelrechten Drang zum Märtyrertum steigerte. Dem elitären Glauben entsprachen mehrere liturgische Sonderpraktiken der Donatisten. Besonders eine forderte den Widerspruch Augustins heraus: die Praxis der Wiedertaufe. Da die Donatisten glaubten, daß ein Sakrament ganz entscheidend von der persönlichen Integrität des Sakramentenspenders abhinge, verlangten sie von übergetretenen Katholiken einen erneuten Empfang des Taufsakraments. Die katholische Seite war demgegenüber der Ansicht, daß das Sakrament nicht an eine Person gebunden sei und daß deshalb auch eine donatistische Taufe Gültigkeit habe. Sogar donatistische Priester und Bischöfe konnten nach dem Übertritt ihre Ämter behalten – eine praktische Lösung, die die Zahl der kirchlichen Funktionsträger mit der Zeit erheblich vermehrte. Augustinus stellte dem charismatischen Amtsverständnis der Donatisten eine Sakramentenlehre entgegen, die für die Folgezeit verbindlich werden sollte. Auch der Begriff von Kirche gewinnt durch die Auseinandersetzung mit den Donatisten im Denken Augustins Merkmale und Konturen, die die weitere Kirchengeschichte prägen sollten. Für die Donatisten spielte der äußere Rahmen ihrer Kirche eine untergeordnete Rolle; ihre Glaubensgemeinschaft hatte sich immer wieder durch die religiöse und moralische Bewährung ihrer Mitglieder zu konstituieren. Die Kirche Augustins wird dagegen als eine Rechtsordnung bestimmt, die um ihrer Aufgabe und ihrer Einheit willen in sich bestimmte Herrschaftsverhältnisse etablieren muß. Unverkennbar ist hier ein Einfluß des römischen Rechtsdenkens spürbar. Unter Machtaspekten kann man nicht klüger handeln, als es die katholische Kirche tat, die dem römischen Staat politische Erfolgsstrategien sorgfältig abgeschaut hatte.

Die Donatisten dagegen lehnten Verbindungen zwischen Staat und Kirche ab. Nach ihrem Selbstverständnis waren sie eine Gemeinschaft von Reinen, die sich betont außerhalb staatlicher Bezüge stellten. Ihre Kirche hat unverkennbar statischen Charakter. Demgegenüber war das augustinische Kirchenkonzept auf Ausdehnung angelegt. In einem Brief aus dem Jahr 399 richtet Augustinus an den donatistischen Bischof Honoratus die folgende Frage: *Möge es also dir nicht lästig fallen, mir die Frage zu beantworten, ob du einen Grund weißt, wie es kam, daß Christus sein auf dem ganzen Erdkreis verbreitetes Erbe verlor und plötzlich allein in Afrika, und auch da noch nicht überall, geblieben ist. Denn auch die katholische Kirche befindet sich in Afrika, weil Gott gewollt und vorhergesagt hat, daß sie in allen Ländern sein solle. Eure Partei aber, die von Donatus ihren Namen hat, ist an allen jenen Orten unvertreten, an die die Apo-*

stel Briefe geschrieben und an denen sie gepredigt und gewirkt haben.[60]

In der Auseinandersetzung mit den Donatisten vertrat Augustinus zunehmend eine Konzeption, die das Verhältnis zwischen Kirche, Staat und den einzelnen Menschen neu bestimmte und sich entscheidend von bislang gültigen Ansichten und sogar von seinen eigenen Frühschriften abhob. Im Grunde sind hier erste Ansätze zu einer Weltkirche greifbar, die es in Kauf nimmt, manche Abhängigkeiten von staatlichem Schutz einzugehen und in sich hierarchische Strukturen auszubilden, dafür aber größtmögliche Ausdehnung und nachhaltigen Einfluß auf das gesellschaftliche und öffentliche Leben erreicht.[61] Das Leben in den nordafrikanischen Gemeinden war durch das donatistische Schisma erheblich belastet. Häufig standen sich in den kleinen Städten je ein katholischer und ein donatistischer Bischof gegenüber – um 395 zählten beide Seiten je etwa 300 Bischöfe. Die donatistische Krise verschärfte sich von 393 an zusehends: Augustinus und seine Mitbischöfe gingen in die Offensive. Auf der Synode 404 wurde darüber beraten, ob man den Staat bitten solle, die Donatisten zu unterdrücken. Kaiser Honorius erließ zwar 405 einige Gesetze, die die Unterdrückung der Donatisten und die Herstellung der Kircheneinheit bezweckten, doch diese Maßnahmen hatten noch keinen befriedigenden Erfolg. Anschläge der Circumcellionen häuften sich. 408 intervenierten die Katholiken erneut, und Honorius erließ 409 ein schärferes Edikt, das Strafen wie Deportation, Güterkonfiskation und Zwangsarbeit in den Bergwerken vorsah. Die staatlichen Maßnahmen, die vor allem diesem Edikt von 409 folgten, ließen sich mit juristischen Argumenten allein kaum mehr rechtfertigen. Auch Donatisten, die in keiner Weise straffällig geworden waren, unterlagen jetzt drückenden Repressalien. Im Juni 411 fand eine Disputation in Karthago statt, an der 286 katholische und 279 donatistische Bischöfe teilnahmen und in der die katholische Seite den Sieg davontrug. Mit diesem Sieg verschärften sich die Maßnahmen gegen die Donatisten erneut. So wurden 412 ungewöhnlich hohe Geldstrafen verhängt, falls Laien aller Schichten nicht der katholischen Kirche beitraten. Viele Donatisten verzweifelten, nicht wenige begingen Selbstmord. Augustinus schreibt hierüber im Jahr 420 Dulcitius, einem römischen Tribun: *Hinsichtlich des gewaltsamen Todes aber, den sich einige von ihnen in ihrer Raserei selbst antun, wodurch sie auch vielen ihrer Parteigenossen, die nicht von gleichem Wahnsinn gefangen sind, ein Gegenstand*

Augustinus leitet die Konferenz von Karthago. Stich von Bolswert

des Entsetzens und des Abscheus werden, haben wir ihnen schon öfter mit Hinweis auf die Heilige Schrift und auf die christliche Vernunft Vorwürfe gemacht, denn es steht geschrieben: «Wer gegen sich böse ist, gegen wen wird er gut sein?»[62] Selbstverständlich durften die staatlichen ‹Wohltaten›, deren Ergebnis nicht selten auch ein gewaltsamer Tod war, guten Gewissens angenommen werden, auch wenn sie vom Kaiser nicht ganz uneigennützig verteilt wurden. Mit seinem Einsatz gegen die Donatisten verfolgte er das Ziel, die Religionseinheit als Mittel der Reichseinheit wiederherzustellen. Mit Konstantin war das Christentum erstmals von staatlicher Seite begünstigt worden; die religiöse Einheit, die ja durch eine große Anzahl von Sekten und religiösen Bewegungen stets gefährdet war, besaß seitdem auch den Rang einer politischen Angelegenheit.

Augustinus selbst hatte zu dieser Eskalation nicht unbeträchtlich beigetragen, er war in den Kampf gegen die Donatisten tief verstrickt, ja zählte zu den entschiedensten Wortführern gegen diese religiöse Gruppierung. Den staatlichen Zwangsmaßnahmen hatte er nicht nur den geistigen Boden bereitet, sondern sie auch befürwortet und ihnen eine theologisch-argumentative Legitimation verschafft. Dieses Vorgehen scheint mit christlichen Werten nur schwer vereinbar zu sein, doch spiegelt sich in ihm ein entscheidender Umbruch im Denken Augustins. Im Laufe dieser Auseinandersetzung hatte sich sein Menschenbild in bemerkenswerter Weise geändert. Zunehmend sah Augustinus den Menschen weniger optimistisch und neigte zu der Auffassung, daß Einschränkung, Strenge und Zwang berechtigt seien, da die Vernunft nur allzu bereit sei, dem Falschen nachzugeben. Später schrieb er dazu: *Doch da Gottes Führung die Verdammten nicht ganz im Stiche läßt, und da Gott auch in seinem Zorn mit seinen Erbarmungen nicht zurückhält, stehen, den Sinnen des Menschengeschlechts gleichfalls wahrnehmbar, Zucht und Erziehung gegen diese Finsternisse, mit denen wir geboren werden, auf der Wache und widersetzen sich den Angriffen, sind freilich selber voller Mühsal und Schmerzen. Denn was sonst wollen die mancherlei Schreckmittel, die man anwendet, den Unarten der Kleinen zu steuern? Wozu Erzieher, Lehrer, Stecken, Riemen, Ruten, wozu all die Züchtigungen, mit denen man, wie die Heilige Schrift sagt, den Rücken des geliebten Sohnes bläuen soll, damit er nicht unbändig heranwächst und so störrisch wird, daß er kaum noch, vielleicht überhaupt nicht mehr gebändigt werden kann? Was bezwecken all diese Strafen anders, als die Unklugheit zu überwinden und die böse Begierde einzudämmen, jene Übel, mit denen belastet wir in diese Welt eintreten? Denn woher kommt es, daß wir mühsam uns erinnern, aber mühelos vergessen, mühsam lernen, aber mühelos verlernen, mühsam fleißig, aber mühelos träge sind? Geht nicht daraus deutlich hervor, wohin die verderbte Natur durch ihr eigenes Schwergewicht neigt und absinken will, und welcher Anstrengung es bedarf, sie davor zu bewahren?*[63] Da nach dem Verständnis des Augustinus der Mensch in erster Linie der gefallene Mensch ist, reichen geistliche Druckmittel mitunter nicht aus. Und in diesem Motivgeflecht verfiel er darauf, die Schranke zwischen kirchlicher und staatlicher Sphäre aufzuweichen und auch staatliches Eingreifen in Erwägung zu ziehen. Der Erfolg, der die Zahl der Donatisten verminderte und der katholischen Seite neue Mitglieder zuführte, erschien ihm als Bestätigung: *Denn ursprünglich war meine Ansicht, es solle niemand zur Einheit Christi gezwungen werden; man müsse das Wort wirken lassen, den Irrtum durch Erörterung bekämpfen und durch Gründe besiegen, damit wir nicht an denen, die wir als aufrichtige Häretiker kannten, gezwungene Katholiken bekämen. Aber diese meine Ansicht unterlag nicht dem Widerspruche in Worten, sondern dem Beweise in Beispielen. Zuerst hielt man mir meine eigene Bischofsstadt entgegen, die früher ganz auf Seite des Donatus war, aber aus Furcht vor den kaiserlichen Gesetzen sich zur katholischen Einheit bekehrt. […] So wurden mir auch viele andere Städte namentlich aufgeführt, so daß ich durch Tatsachen erkannte, daß auch hier das Wort der Schrift mit Recht angewandt werden könne: «Gib dem Weisen Gelegenheit, und er wird noch weiser werden.» (Sprichw. 9,9)*[64]

Seit dem Jahr 400 billigt Augustinus staatlichen Zwang gegen die Donatisten, er war sogar für staatliche Gewalt mitverantwortlich. Seine Ansichten über Gewaltanwendung und über das Verhältnis zwischen Staat und Kirche hatten sich entscheidend gewandelt. Selbstverständlich hat auch Augustinus die Schwierigkeit gespürt, die einer Begründung für diese drastischen Maßnahmen und für die Sphärenvermischung von Staat und Kirche anhaftet. Es galt vor allem den Anstoß wegzuargumentieren, daß die Gewaltmaßnahmen gegen das christliche Liebesgebot verstoßen: *Würden wir nun diese unsere bisherigen Feinde, die unseren Frieden und unsere Ruhe durch alle mögliche Gewalttat und Hinterlist stören, derart verachten und ertragen, daß wir auf nichts sinnen, nichts tun, wodurch sie in Schrecken gesetzt und gebessert werden könnten, so würden wir in Wahrheit Böses mit Bösem vergelten. Denn wenn jemand sähe, wie sein Feind, durch ein gefährliches Fieber wahnsinnig geworden, dem Abgrunde zuliefe, würde er da nicht Böses mit Bösem vergelten, wenn er ihn so laufen ließe, statt ihn zurückzuhalten und binden zu lassen? Und doch würde er gerade dann als sein größter Feind und Gegner erscheinen, wenn er am meisten sich ihm nützlich erwies und ihm Erbarmen zuteil werden ließ! Sicher aber würde dieser ihm nach wiedererlangter Gesundheit um so größeren Dank sagen, je mehr er sehen würde, daß man seiner durchaus nicht geschont habe. O könnte ich dir doch zeigen, wie viele überzeugte Katholiken wir bereits sogar aus den Circumcellionen bekommen haben, die jetzt ihr früheres Leben und ihren bedauernswerten Irrtum verdammen, aus dem sie glaubten, für die Kirche Gottes zu tun, was sie aus unruhigem Frevelsinn taten!*[65] Gerade aus Liebe müsse gegen den Willen eines Menschen, aber zu seinem Besten gehandelt werden: Die Donatisten verhielten sich wie Tobsüchtige, die man zu ihrem eigenen Besseren binden und ihnen lästig fallen müsse.[66] Immer wieder beruft sich Augustinus auch auf das biblische Gleichnis von dem Festmahl, bei dem die eingeladenen Gäste abgesagt haben und als Ersatz Leute von der Straße genötigt werden, in das Haus einzutreten.[67] Man sieht, wie sich eine Bibelstelle durch allegorische Deutung so sehr weiten läßt, bis sie zu einem beabsichtigten Beweisziel paßt. In diesem Zusammenhang hat Augustinus auch ein berühmt gewordenes, meistens ohne Kenntnis der gesamten Stelle zitiertes Wort formuliert: *Liebe, und dann tue, was du willst!*[68] Es entsteht ein schiefes Bild, wenn man den Kontext dieses Zitats nicht mitberücksichtigt.[69] Nur scheinbar ist dies ein Satz, wie er humanistischer, menschenfreundlicher nicht gesagt werden kann. Zieht man jedoch die ganze Stelle hinzu, wird deutlich, wie sehr sich Augustinus den Liebesbegriff für seinen argumentativen Zweck verfügbar macht: *Denn vieles*, so heißt es kurz vorher, *kann geschehen, was den Anschein des Guten hat, aber nicht aus der Wurzel der Liebe hervorgeht. Auch Blumen haben Dornen: manches scheint rauh, manches grob; aber es geschieht zum Zweck der Disziplin, und die Liebe gibt es ein.* Zwischen Liebe und Gewalt besteht demnach für Augustinus kein prinzipieller Gegensatz, und eine grundsätzliche Achtung vor einer geliebten Person erkennt Augustinus nicht an. Sobald sich seine eigenen religiösen Überzeugungen und die eines anderen nicht decken, ist kaum Raum mehr für Liebe oder sind – in der Terminologie Augustins – Gewalt und Zwang die eigentliche Liebe. Gegenüber seinem Anspruch, das Heil anderer Menschen bestimmen und fördern zu können, wertet er ihr Recht ab, ihr Leben selbst zu lenken. Seine Auffassung von Liebe maßt sich an, festlegen zu dürfen, welche Bestimmung der andere seinem Leben zu geben hat und was ihn eigentlich glücklich machen soll. Das Menschenbild, das Augustins Argumentation zugrunde liegt, trägt deshalb einen ausgesprochen pessimistischen Charakter und unterstellt, daß die meisten Menschen ohne Einsicht und Vernunft handeln und sie von Glück sagen können, wenn ein Berufener, ein Augustinus, sich ihrer annimmt.

Diese Auffassung der christlichen Nächstenliebe hat auch Folgen für Augustins Verständnis von Kirche. In dem Maße, in dem er einsehen mußte, daß ein rhetorischer Sieg über die Donatisten nicht möglich ist und Argumente allein nicht ausreichen würden, glaubt er, daß die Kirche autoritärer auftreten und notfalls auch ohne Überzeugung und vernünftigen Ausgleich von Amts wegen durchsetzen darf, was in ihr als wahre Lehre gilt. Ansätze zu einer solchen totalitären Konzeption hat es zwar bereits in der antiken Philosophie, etwa in dem utopischen Staatsentwurf Platons gegeben. Doch hat Augustinus diese Tendenz noch einmal deutlich verschärft. Es ist eine interessante Überlegung, ob seine Bereitschaft, auf Autorität und Zwang als Mittel der religiösen Auseinandersetzung zu setzen, erst durch das donatistische Schisma hervorgerufen wurde oder ob Augustinus unabhängig von diesem Konflikt eine gewisse Neigung hierzu ohnehin schon besaß. Vorstufen und Wurzeln für eine solche Tendenz lassen sich bereits in seinen Frühschriften wahrscheinlich machen, und mit einem gewissen Recht wird man auch konstatieren müssen, daß sich ein Wert wie Meinungsvielfalt mit Augustins ganzem Ansatz und wohl auch mit seiner charakterlichen Disposition nicht verträgt.[70]

Gewiß wurde Augustinus nicht zu einem bedingungslosen Befürworter staatlichen Zwangs; Härte ohne Belehrung, schrieb er[71], sei Tyrannei. Aber wie weit konnte die Belehrung reichen, wenn sie in jedem Fall mit Gewalt verknüpft blieb? Wenn vom Knüppel oder schlimmeren Werkzeugen nur verschont blieb, wer seine Überzeugung opferte? Mitunter mahnte er auch, keine übertriebenen Maßnahmen anzuwenden, und in einem Brief an den kaiserlichen Tribun Marcellinus schreibt er: *Übe, christlicher Richter, das Amt eines guten Vaters! Zürne über das Verbrechen, aber vergiß dabei nicht, auch auf die Menschlichkeit Rücksicht zu nehmen! Befriedige nicht die Begierde, an so abscheulichen Verbrechern Rache zu nehmen, sondern hege vielmehr die Gesinnung, die Wunden der Verbrecher zu heilen. Ermüde nicht in deiner väterlichen Sorgfalt, die du bei der Untersuchung walten ließest, wo du das Geständnis so großer Verbrechen nicht durch Ausspannung auf der Folterbank, nicht durch zerfleischende Krallen, nicht durch lodernde Flammen, sondern durch Rutenstreiche entlockt hast. Diese Strafart wird ja auch von den Lehrern der freien Künste, selbst von den Eltern und oft auch vor den bischöflichen Richterstühlen angewandt. Strafe also nicht mit so großer Strenge, was du auf so milde Art ausfindig gemacht hast.*[72] Es mag sein, daß die erwähnten *Rutenstreiche* ein eher mildes Mittel der spätantiken Justiz gewesen sind, deren Methoden ansonsten ausgesprochen roh waren. Doch über den zynischen Ton eines solchen Briefes ist man mit Recht überrascht. Von menschlicher Anteilnahme, von Mitgefühl mit dem Schicksal der Donatisten hat sich Augustinus jedenfalls weitgehend befreit. Daß er die Todesstrafe als Mittel gegen die Donatisten ablehnte, entlastet ihn nicht von dem Vorwurf, sich an der Macht, die ihm bei der Bekämpfung der Donatisten in die Hände gefallen war, nicht unerheblich berauscht zu haben. Denn seine Ablehnung ist vor allem durch das machtpolitische Kalkül bedingt, den Donatisten auf diese Weise keine Märtyrer zu verschaffen.[73]

In Hippo zeigten die Repressalien gegen die Donatisten eine deutliche Wirkung: Eine breite Transversion setzte ein. Außerhalb von Hippo gaben die Donatisten jedoch nicht ohne weiteres nach, und die Zerschlagung der donatistischen Kirche nahm lange Zeit in Anspruch und zeigte häufig das Gesicht blutiger Unterdrückung.

Augustins Vorgehen ist ein Tabubruch; er ist der erste, der von der Staatsmacht für die Durchsetzung kirchlicher Ziele Gebrauch machte. Die spätere Entwicklung wird diese Tendenz noch verschärfen, denkt man etwa an das Verhältnis von Papst Gregor VII. zu Kaiser Heinrich IV. oder an die Inquisition. Und auch das unglückselige Prinzip, jemanden zu seinem Glück gegen seinen Willen zu zwingen, hat durch Augustinus einen prominenten Archegeten gefunden.

Die Härte, die Augustinus im Kampf gegen die Donatisten teils gutheißt, teils duldet, kann man schwer abgetrennt von seiner Gnadenlehre sehen, die einen wesentlichen Aspekt seiner Theologie ausmacht. Auf der pessimistischen Sichtweise des Menschen, die sich in Augustins Engagement gegen die Donatisten deutlich gezeigt hat, baut auch die Gnadenlehre auf: Der Mensch ist im Grunde verloren und kann nur durch göttliche Gnade gerettet werden. Doch diese Rettung wird nur wenigen und unverdientermaßen zuteil werden, die weitaus meisten werden zu Recht zu ewiger Verdammnis verurteilt werden. Angesichts einer solchen Ansicht fiel es ihm kaum schwer, den Tod ungezählter Donatisten in Kauf zu nehmen.

In der letzten großen Kontroverse, in der Augustinus gegen eine religiöse Gruppierung, die Pelagianer, auftritt, steht seine Gnadenlehre ebenfalls im Vordergrund. Weil diese Lehre auch über die Lebenszeit Augustins hinaus äußerst folgenreich geworden ist und mit ihr ein Angelpunkt seines gesamten Denkens und seines Werks faßbar wird, soll sie – einschließlich der Auseinandersetzung mit dem Pelagianismus – in einem eigenen Abschnitt vorgestellt und diskutiert werden. Beinahe alles, was Augustinus als Bischof dachte, lehrte, schrieb oder tat, steht in enger Beziehung zu seinem gnadentheologischen Denken.

Augustinus starb während der Belagerung seiner Bischofsstadt Hippo durch die Vandalen. Aus der Biographie des Possidius ist bekannt, daß er nicht gelassen aus dem Leben schied: Aus den Bußpsalmen Davids hatte er sich die vier kürzesten abschreiben und an der Wand seines Krankenzimmers anbringen lassen und soll sie unter vielen Tränen immer wieder während seiner letzten Krankheit gelesen haben.[74] Wie am Anfang seiner Zeit in Hippo stehen am Ende schwer deutbare Tränen. Es ist nicht bekannt, was Augustinus das Sterben schwergemacht hat. Unwahrscheinlich ist es nicht, daß der Schatten seiner eigenen Gnadenlehre seine letzten Tage verdunkelte. So ungebrochen Augustinus sich immer der ihm zur Verfügung stehenden Macht bedient hatte, ganz so, als stünde seine eigene Begnadung außer Frage und als hätte sich ihm die Wahrheit in größter Klarheit gezeigt, so könnte ihm gedämmert haben, daß Anmaßung Sicherheit letztlich nicht ersetzt. Über die Belagerung tröstete er sich mit dem Plotin-Wort[75]: «Der ist kein Großer, der es für eine große Sache hält, wenn Holz und Steine dahinfallen und die Sterblichen sterben.»[76] In den letzten Tagen seiner Krankheit ließ Augustinus niemanden zu sich außer einem Arzt und jemanden, der ihm Essen brachte.[77]

Der Mensch

Was war Augustinus für ein Mensch? Wie konnte ein und dieselbe Person von christlicher Liebe – oftmals durchaus mißtreißend – sprechen und zugleich mit unbeugsamer Härte gegen seine Gegner zu Felde ziehen? Was waren die leitenden Orientierungen, die Handlungsmaximen, die in verschiedener Gestalt immer wieder in seinem Leben hervortreten und es bestimmen? Gewiß ist es nicht einfach, den Charakter einer historischen Persönlichkeit zu beschreiben. Doch sein Leben und der große Anspruch, den es für sich reklamierte, fordern dazu heraus, eine gewisse Annäherung zumindest zu versuchen.

Als erster Gesichtspunkt bietet sich die große Bedeutung an, die Augustinus der Liebe zumißt, die in vielen Würdigungen häufig als seine wesentliche Charaktereigenschaft herausgestellt wird. Denkt man an die Gemeinschaft in Cassiciacum, findet man – bei aller Berücksichtigung, daß hier auch literarische Stilisierung spürbar ist – Augustinus in einer intensiven, mitunter innigen Gemeinsamkeit mit seinem Freundeskreis. Auch in Hippo hat Augustinus einen engen Kreis vertrauter und befreundeter Personen um sich geschart. Und sein ganzes Leben blieb er in engem Austausch mit früheren Freunden, die nicht selten wie er Bischöfe in nordafrikanischen Gemeinden geworden sind. Diese Wertschätzung von Freundschaft, die sich in seinem Leben vielfach nachweisen läßt, hat sich jedoch in seinen Reflexionen nicht niedergeschlagen. Für den Denker Augustinus hat der Mensch keinen eigenen Wert. Dem Menschen, auf den sich Liebe oder Freundschaft beziehen, wird nur im Hinblick auf Gott Gutes erwiesen, nicht im Hinblick auf diesen selbst. Menschen sind also für Augustinus vor allem Mittel, um die Beziehung zu Gott zu gestalten. Karl Jaspers hat dies folgendermaßen beschrieben: «Jeder ist völlig einsam, weil er selbst nur vor Gott, mit Gott, nicht erst er selbst mit und durch das andere menschliche Selbst ist. Einsamkeit ist aufgehoben nicht durch Kommunikation, sondern durch Gott.»[78]

Letztlich hat Augustinus die geschaffene Welt, Menschen und Sachen gleichermaßen, von einem starren Gegensatzschema her verstanden und bewertet. Die beiden Pole, an denen sich Augustinus orientiert, heißen «genießen» (lat: frui) und «gebrauchen» (lat.: uti): *Man muß in bezug auf die Sachen solche unterscheiden, die zu genießen, und solche, die zu gebrauchen sind. Genießen heißt einer Sache um ihrer selbst willen in Liebe anhangen. Gebrauchen heißt das, was sich uns zur Benutzung darstellt, auf die Erreichung dessen zu beziehen, was der Liebe (des Genusses) würdig ist; denn ein unerlaubter Gebrauch ist vielmehr Mißbrauch bzw. Verbrauch zu nennen. Wenn wir im Ausland wären, aber nur im Vaterland glücklich leben könnten und uns im Ausland unglücklich fühlten, so würden wir, um dem Elend ein Ende zu machen, ins Vaterland zurückkehren wollen. Wagen oder Schiffe wären uns da zum Gebrauche nötig, um ins Vaterland, das Ziel unseres Genusses, zu gelangen. Würden uns aber nun die Annehmlichkeiten der Reise und die Lenkung des Wagens oder Schiffs so ergötzen, daß sie uns nicht mehr Mittel, sondern Zweck sind, so würden wir die Reise verzögern und würden, von falscher Lust bestrickt, dem Vaterland fern bleiben, dessen Süßigkeit uns glücklich zu machen vermag. So pilgern wir in diesem todeshaftigen Leben fern vom Herrn, und wenn wir ins Vaterland zurückkehren wollen, in dem wir allein glücklich sein könnten, dürfen wir diese Welt nur gebrauchen, nicht aber genießen.*[79] Etwas deutlicher drückt er sich in seinem *Gottesstaat* aus: Im gewöhnlichen Sprachgebrauch werde häufig kein genauer Unterschied zwischen «Genießen» und «Gebrauchen» gemacht. Genaugenommen unterscheiden sich jedoch beide dadurch, *[…] daß wir von Genießen reden, wenn uns etwas an sich und nicht um eines anderen willen erfreut, von Benutzen aber, wenn wir etwas um eines anderen willen haben wollen – weshalb man alles Zeitliche mehr benutzen als genießen sollte, um den Genuß des Ewigen zu gewinnen, nicht wie man's verkehrt macht, wenn man das Geld genießen, Gott aber benutzen will, indem man nicht das Geld um Gottes willen hingibt, sondern Gott um Geldes willen verehrt.*[80] Daß nun auch der Mensch zu dem Bereich gehört, für den nur die Kategorie des Gebrauchens Anwendung finden darf, hat tiefgreifende Auswirkungen auf das Menschenbild Augustins. Auch der Mensch ist lediglich ein Instrument auf dem Weg zu Gott: *Aus ein und derselben Liebe lieben wir Gott und den Nächsten; Gott aber um seiner selbst willen, uns und den Nächsten dagegen um Gottes willen.*[81] Der einzige legitime Selbstzweck ist nur Gott; Menschen und Beziehungen zu ihnen verblassen demgegenüber zu Mitteln. Menschliche Beziehungen werden dadurch tendenziell versachlicht; die Erfahrung eines anderen Menschen als – um ihrer selbst willen wichtigen – Person wird dadurch unmöglich gemacht.[82] Die Schwarzweißzeichnung, zu der dieses starre Raster Gebrauchen – Genießen neigt, kennt nur die Alternative: Entweder wir lieben einen Menschen, um uns durch diese Liebe die Seligkeit zu verdienen, oder man liebt einen anderen Menschen um seiner selbst willen – also nicht um Gottes willen und deshalb in sündhafter Konkurrenz zum eigentlichen Ziel des Menschen. Die Bedeutung der Liebe für die Individuen, für die Erfahrung des Subjekts, ist Augustinus nicht aufgegangen. Der Riegel, den Augustinus vor die mentale Entwicklung des europäischen Menschen schob, hielt lange fest. Erst im 11. und 12. Jahrhundert wurde mit dem wachsenden Selbstbewußtsein auch eine Entdeckung der Liebe (der Minnesang entwickelt sich vor diesem Hintergrund) möglich. Hier geht es nicht darum, Augustinus etwas vorzuwerfen, was sich ihm als historisch gebundener Person, die den Denk- und Empfindungsmodellen seiner Zeit verhaftet war, nicht gut vorhalten läßt. Doch müssen die Probleme und Folgen aufgezeigt werden, die mit seinem Denken verknüpft waren, denn diese haben sich in die europäische Mentalitätsgeschichte tief eingeprägt und das Leben vieler Menschen bis heute bestimmt. So gilt es zu konstatieren, daß der Begriff von Nächstenliebe, der dem augustinischen Modell zugrunde liegt, fragwürdig ist: Nächstenliebe ist danach kein Akt, der primär darauf zielt, einem anderen Menschen zu helfen, sein Wesen zu bejahen und dadurch sein Glück zu

Augustinus und das Jesuskind am Meer. Fresko von Ulisse da Sansovino. Florenz, Santo Spirito

mehren, sondern sie zielt in erster Linie auf das höchste Gut, auf Gott. Ferner muß gefragt werden, ob nicht jedes moralische Handeln, wenn es in dieses Gegensatzschema aus Gebrauchen und Genießen gepreßt wird, nicht ein – wenn auch sublimierter – Egoismus ist. Und wird vom Menschen auf diese Weise nicht mehr erwartet, als ihm gemäß ist? Alles, wofür der Mensch eine gewisse affektive Empfänglichkeit zeigen kann, sieht Augustinus als Konkurrenz zu Gott. Und es wird noch zu zeigen sein, daß insbesondere kulturelle Hervorbringungen, künstlerische ebenso wie wissenschaftliche Interessen, von dem Verdikt getroffen werden, sie führten von Gott ab. Diese Antithese jedenfalls, die dem Menschen und seinen Leistungen nur einen instrumentellen Gebrauchswert, keinen Eigenwert zuerkennt, führt das Denken Augustins aus jener Geisteshaltung, die er in Cassiciacum entwickelt hatte, wieder fort: Die dort versuchte Synthese aus Christentum und antiker Bildung wird auf diese Weise aufgehoben.

Auf die Art und Weise, wie Augustinus Frauen, Ehe und geschlechtliche Liebe sieht, wird noch bei der Darstellung seiner Gnadenlehre näher eingegangen werden. In diesem Zusammenhang verdient jedoch besonders seine Mutterbindung Erwähnung. Mit gutem

Grund wird von einigen Augustinus-Forschern die Darstellung, die Augustinus in seinen *Bekenntnissen* gibt, psychoanalytisch interpretiert. In jedem Fall wird man feststellen müssen, daß seine Mutterbindung äußerst eng und intensiv gewesen ist. Die übrigen Familienmitglieder sind demgegenüber nahezu bedeutungslos. Auffällig ist die spürbare Abwertung des Vaters. Nicht nur daß nach dem Willen der Mutter Gott der eigentliche Vater für Augustinus sein soll, schmälert seinen Wert, auch gleiches Verhalten beider Eltern wird von Augustinus ganz unterschiedlich wahrgenommen und bewertet. Der Ehrgeiz, den der Vater für ihn hegt, wird negativ gedeutet, der der Mutter positiv.[83] Gegen die große Wertschätzung, die Augustinus seiner Mutter entgegenbringt, wirkt die Kühle befremdlich, mit der er sich von der Frau trennt, mit der er jahrelang zusammengelebt hat. In seinem Bericht scheint es so, als habe ein Naturereignis ihn von ihr getrennt. Ein Gefühl für eigene Verantwortung fehlt Augustinus an dieser Stelle, obwohl er gerade in den *Bekenntnissen* sich für weit geringere Vergehen wortreich und heftig anklagt. Für die Gefühle dieser Frau, deren Namen Augustinus übrigens nirgends mitteilt, hat er kein Wort übrig. Als Mensch hat Augustinus an dieser Stelle versagt, und dieses Versagen wiegt um so schwerer, als ihm für die Verletzung eines anderen Menschen jedes Empfinden fehlt. Schlimmer noch: Er glorifiziert sein Verhalten sogar, da es ihn dem Ideal der Enthaltsamkeit näherbrachte. Die Liebe zwischen Mann und Frau wird von Augustinus im wesentlichen nur als geschlechtliches Verhältnis aufgefaßt. Ein großer Vorrat an schlimmen Konnotationen der menschlichen Sexualität bricht dadurch in den Bereich der menschlichen Liebe ein, vergiftet jede Paarbeziehung und führt zu einer stereotypen Abwertung von Frauen.

Als letzter Aspekt sei erwähnt, daß Augustins Denken deutlich Züge von Intoleranz aufweist. In der Kontroverse mit den Donatisten ist er bereit, staatliche Gewalt als Mittel der Kirchenpolitik einzusetzen und den Zwang zu verteidigen, andere auch gegen ihren Willen zu ihrem, von Augustinus angenommenen, Heil zu führen. Mitunter – auch dies wird von manchen Augustinus-Biographen kritisch gewürdigt – versteigt sich Augustinus in die Rolle des fanatischen Hetzers gegen Götzenbilder. In einer Predigt tritt er vehement dafür ein, daß die heidnischen Götterbilder auch in Karthago weggeschafft werden sollen, nachdem sie schon aus Rom verschwunden seien.[84] Auch gegen die Juden äußert sich Augustinus mitunter sehr emotional: Sie seien krank gewesen und hätten sich

Christus gegenüber wie diejenigen verhalten, die den Arzt verspotten, der zu ihrer Heilung gekommen ist.[85]

Überblickt man das Leben Augustins, fällt auf, daß er fortwährend in Kämpfe und Auseinandersetzungen verstrickt gewesen ist. Mehr als die Hälfte seiner Schriften sind Streitschriften oder haben doch zumindest einen polemischen Charakter. Es lohnt sich, die Frage zu stellen, ob diese Konflikte in jedem Fall Augustinus aufgezwungen wurden oder ob sie nicht auch zuweilen von ihm gesucht worden sind, ob nicht ein gewisses aggressives Potential in ihm verwurzelt gewesen ist. Wäre Augustinus ein mehr auf Ausgleich und Toleranz angelegter Charakter zu eigen gewesen, hätte sich mancher Kampf vermeiden lassen. Aber man stelle sich einen Augustinus voller Bedenken vor, der der unbedingten Achtung vor anderen Menschen weniger Abbruch getan hätte; man stelle sich vor, der Weg Augustins wäre nicht durch diese Blutspur gekennzeichnet. Wäre dann nicht sein Name in der Kirchen- und Geistesgeschichte weniger groß? Vielleicht hat seine gewaltige Bedeutung auch die Gewalt miterzeugt, zu der er sich verstanden hat, jene irritierende und paradoxe Verbindung zwischen christlicher Liebe und religiöser Intoleranz.

Im einzelnen wiegen manche seiner Anschauungen und der Handlungen, die aus ihnen folgten, schwer. Doch muß andererseits – will man ihm gegenüber gerecht bleiben – bedacht werden, wie stark Augustinus von den Denkmustern und Bedingungen seiner eigenen Zeit geprägt ist. Bei der Darstellung seines Werks sollen deshalb die Wechselbeziehungen zwischen den allgemeinen und kulturellen Lebensbedingungen der Spätantike und Augustinus herausgestellt werden, um diesen Kirchenlehrer angemessen würdigen zu können.

Werkübersicht

Die Schriften des Augustinus sind außergewöhnlich zahlreich. Von keinem zweiten Autor der lateinischen Literatur gibt es ein derart umfangreiches Werk. Dies ist immer wieder betont und mitunter auch als Last empfunden worden. Die Büchertruhe, die im Kloster des Isidor von Sevilla (560–636) seine Werke aufbewahrte, war mit einer Inschrift versehen, die denjenigen als Lügner bezeichnete, der von sich behaupten würde, er habe alle augustinischen Werke gelesen. Und schon sein Biograph Possidius hat angemerkt: «So zahlreich aber ist das, was er diktiert und herausgegeben hat, und so zahlreich sind seine in der Kirche gehaltenen, niedergeschriebenen und durchgesehenen Reden […], daß kaum ein Gelehrter imstande ist, alles durchzulesen und zur Kenntnis zu nehmen.» [86]

Es ist erstaunlich, wie Augustinus die Zeit gefunden hat, seine umfangreichen Schriften trotz der erheblichen Belastung als Bischof zu verfassen.

1. Frühschriften

Alle erhaltenen Schriften Augustins stammen aus der Zeit nach seiner Bekehrung, also nachdem er seinen Beruf als Rhetoriklehrer aufgegeben hat. Seine Erstlingsschrift *Über das Schöne und Angemesse* (*De pulchro et apto*), die er als Lehrer der Rhetorik 380/81 in Karthago schrieb, ist nicht erhalten.[87]

Besonders rege ist seine Produktion innerhalb der wenigen Monate, die seiner Konversion folgten. In rascher Folge entstehen zwischen September 386 und März 387 *Gegen die Skeptiker* (*Contra academicos*), *Über das glückselige Leben* (*De vita beata*), *Über die Ordnung* (*De ordine*) und ein Teil der *Selbstgespräche* (*Soliloquia*). In diesen Schriften kommt deutlich zum Ausdruck, wie verwandt Philosophie und Theologie für den frühen Augustinus gewesen sind und wie sich Platonismus und Christentum in dieser Phase nahezu bruchlos miteinander vereinigen. Alle diese Dialoge kreisen um die Nähe zwischen philosophischem und christlichem Denken und sind auf dem norditalienischen Landgut Cassiciacum geschrieben. Mit ihren Themen wie Gewißheit, Glück, Übel, Ordnung, Vorsehung, Schönheit und Bildung weisen sie Konstanten auf, die das Denken und Schreiben Augustins bis in seine Spätzeit bestimmen, auch wenn er im einzelnen von früheren Ansichten abgerückt ist.

Die drei Bücher *Gegen die Skeptiker* wenden sich gegen den Skeptizismus der Neuakademiker und begründen die Ansicht, daß die Wahrheit erkennbar sei. Ferner vertritt Augustinus in diesem Werk die Auffassung, daß die Glückseligkeit nicht in der Erforschung, sondern in der Erkenntnis der Wahrheit bestehe. In *Über das glückselige Leben* wird diese Auffassung vertieft: Das wahre Glück besteht in der Erkenntnis Gottes.

Die zwei Bücher *Über die Ordnung* greifen erstmals das Hauptproblem der Theodizee auf und untersuchen die Frage, woher das Böse stamme. Die *Selbstgespräche*, ein Gespräch mit seiner eigenen Ratio über Gott und Seele, handeln besonders über die Unsterblichkeit der Seele: Eine Fortsetzung der *Soliloquia* ist die noch 387 vor der Taufe geschriebene, aber unvollendete Abhandlung *Über die Unsterblichkeit der Seele* (*De immortalitate animae*).

2. Schriften der Übergangszeit (388–395)

Bereits nach der Phase in Cassiciacum ist die Schrift *Über die Größe der Seele* (*De quantitate animae*), ein 388 in Rom entstandener Dialog, dem Versuch gewidmet, die Immaterialität der Seele zu erweisen. Der 389 in Afrika entstandene Dialog *Über den Lehrer* (*De magistro*), in dem der Sohn Adeodatus als Dialogpartner auftritt, kreist um die Psychologie des Lehrens und Lernens. In ihm finden sich auch zentrale Aspekte der Sprachauffassung Augustins formuliert, die später besprochen werden.

Augustinus hatte 387 in Mailand eine Enzyklopädie der sieben freien Künste begonnen, die jedoch niemals zum Abschluß gekommen ist: Von dem Werk *Über die Grammatik* (*De grammatica*) sind Bruchstücke überliefert; die sechs Bücher *Über die Musik* (*De musica*) handeln vom Rhythmus.

Seine antimanichäischen Schriften verteidigen vor allem folgende Sätze: Nur das Gute ist ursprünglich; das Böse ist keine Substanz; das Alte Testament ist ebenso wie das Neue Testament Gottes Werk; Christus ist wahrer Mensch und hat keinen Scheinleib.

Die wichtigsten Schriften sind:

Über die Sitten der katholischen Kirche und der Manichäer (*De moribus ecclesiae catholicae et de moribus Manichaeorum*; 388/89),

Über den freien Willen (*De libero arbitrio*), dessen erstes Buch 388 geschrieben wurde und dem Augustinus zwischen 391 und 395 zwei weitere Bücher folgen ließ,

Genesiskommentar gegen die Manichäer (*De Genesi contra Manichaeos*; 388/89),

Über die wahre Religion (*De vera religione*; 388–391),

Über den Nutzen des Glaubens (*De utilitate credendi*; um 391),

Disputation gegen Fortunatus (*Contra Fortunatum disputatio*; 392),

Gegen Faustus (*Contra Faustum*; 397/98).

3. Werke als Bischof

Antidonatistische Schriften

Diese Gruppe seiner Werke bietet eine eingehende theologische Begründung des katholischen Kirchen- und Sakramentsbegriffs: In ihnen wird Kirche als eine sichtbare Gemeinschaft von Heiligen und Sündern bestimmt. Daneben wird in ihnen immer wieder herausgestellt, daß die Wirksamkeit der Sakramente nicht von der sittlichen Verfassung des Spenders abhängig ist. Die wichtigsten Abhandlungen, die Augustinus in dieser Kontroverse verfaßt hat, lauten:

Über die Taufe gegen die Donatisten (*De baptismo contra Donatistas*; 400/01),

Gegen den Grammatiker und Donatisten Cresconius (*Contra Cresconium grammaticum et Donatistam*; um 406).

Antipelagianische Schriften

In den Schriften gegen den Pelagianismus legt Augustinus seine Sicht von der Natur des Menschen dar, entfaltet seine Lehre von der Erbsünde, der Kindertaufe, dem Wirken der göttlichen Gnade und dem Verhältnis zwischen göttlichem Vorherwissen und dem freien Willen des Menschen. Die Haupttexte heißen:

Über die Verdienste der Sünder, über die Vergebung und über die Kindertaufe (*De peccatorum meritis et remissione et de baptismo parvulorum*; 411/12),

Über den Geist und den Buchstaben (*De spiritu et littera*; 412),

Über die Natur und die Gnade (*De natura et gratia*; 413–415),

Über die Gnade Christi und die Erbsünde (*De gratia Christi et de peccato originali*; 418),

Über die Ehe und die Begehrlichkeit (*De nuptiis et concupiscentia*; 419–421),

Gegen zwei Briefe der Pelagianer (*Contra duas epistolas Pelagianorum*; 420/21),

Gegen Julian (*Contra Iulianum*; 421),

Unvollendetes Werk gegen die zweite Antwort Julians (*Contra secundam Iuliani responsionem opus imperfectum*; 429/30).

Gegen innerkirchliche Kritik an einzelnen Sätzen seiner Gnaden- und Prädestinationslehre richten sich:

Über die Gnade und den freien Willen (*De gratia et libero arbitrio*),

Über Zurechtweisung und Gnade (*De correptione et gratia*).

Beide Schriften entstanden zwischen 425 und 427 und waren an die Mönche von Hadrumentum gerichtet. Für seine Anhänger Prosper und Hilarius hatte er in den Jahren 428 und 429 zwei Schriften als Hilfe für die Auseinandersetzung gegen südgallische Mönche verfaßt: *Über die Vorherbestimmung der Heiligen* (*De praedestinatione sanctorum*) und *Über das Gut der Beständigkeit* (*De dono perseverantiae*).

Schriften zur Bibelerklärung

Zentral ist die Schrift *Über die christliche Lehre* (*De doctrina Christiana*): Buch 1 und 2 handeln von der profanwissenschaftlichen und theologischen Vorbildung; Buch 3 bietet eine Hermeneutik und Buch 4 eine Homiletik. Während die ersten drei Bücher (bis 3,25,35) in den Jahren 396 und 397 geschrieben wurden, verfaßte Augustinus erst 426/27 den Schluß dieses wegen der Verbindung von antiker Bildung und christlicher Theologie in der Folgezeit sehr einflußreichen Werkes.

Exegetische Fragen behandeln ferner:

Über 83 verschiedene Fragen (*De diversis quaestionibus LXXXIII*; 388–396),

Über verschiedene Fragen an Simplician (*De diversis quaestionibus ad Simplicianum*; 396/97).

Mit der Genesis hat sich Augustinus wiederholt beschäftigt. Bereits in seiner Auseinandersetzung mit dem Manichäismus hatte er einen Genesiskommentar verfaßt. Seinen 397–401 entstandenen *Bekenntnissen* (*Confessiones*) ist ebenfalls eine ausführliche Auslegung dieses Teils des Alten Testaments beigefügt. Und eine dritte umfangreiche Erklärung, der *Genesiskommentar nach dem Litteralsinn* (*De Genesi ad litteram*), entsteht zwischen 401 und 414.

Die sehr umfangreichen, um 420 abgeschlossenen *Enarrationes in Psalmos* bieten zumeist allegorisch gehaltene Homilien.

Erklärungen des Neuen Testaments enthalten die vier Bücher *De consensu evangelistarum* (um 400), die in apologetischer Absicht Unstimmigkeiten zwischen den vier Evangelien aufhellen wollen. In den zwei Büchern *Über die Predigt des Herrn auf dem Berg* (*De sermone domini in monte*), 394 entstanden, legt Augustinus Matthäus 5–7 aus.

Der *Gottesstaat*

Zwischen 413 und 426 wurde abschnittweise das voluminöse Werk über den *Gottesstaat* (*De civitate Dei*) veröffentlicht. Diese historisch angelegte Apologie des Christentums bietet den umfassenden Entwurf einer Geschichtstheologie, die noch eingehender vorgestellt werden wird.

Dogmatische Schriften

Das theologische Hauptwerk Augustins ist sein Werk über die Trinität (*De trinitate*), das in fünfzehn Büchern gegliedert ist und an dem er von 399 bis 419 arbeitete. Er bemerkt selbst, daß nur wenige Leser den komplexen Gedankengängen dieses Werks würden folgen können.[88] Die Trinitätslehre ist für Augustinus ein wesentlicher Glaubensinhalt, dem zudem noch ein großes kirchenpolitisches Gewicht zukommt, da sie der Abgrenzung von anderen Glaubensströmungen dient. Die augustinische Trinitätslehre ist im Grunde revolutionär: Während vor ihm die Vielheit betont wurde, stellt er konsequent die Einheit der göttlichen Personen in den Vordergrund. Der erste Teil des Werks (Bücher 1–4) legt den Schriftbeweis und die sich aus ihm ergebende Formulierung des Dogmas (5–7) dar; der zweite Teil (8–15) bemüht sich um eine gedankliche Durchdringung dieses Glaubensgeheimnisses, besonders durch einen Nachweis von mannigfachen Analogien zwischen der Trinität und natürlichen sowie menschlichen Phänomenen. So zeige sich bei der Liebe eine Dreiheit von Liebendem, Geliebtem und der Liebe als der verbindenden Kraft.[89] Auch die drei im menschlichen Geist wirkenden Kräfte Erinnern – Erkennen – Wollen weisen ebenso wie die Dreiteilung der Philosophie in Physik, Logik und Ethik auf die göttliche Trinität hin.[90] Diesen Analogieschlüssen liegt die Vermutung zugrunde, daß die geschaffene Wirklichkeit das göttliche Wesen abbilde und deshalb Indizien enthalte, die das menschliche Denken auf die göttliche Dreieinigkeit hinweisen.

Das *Handbüchlein an Laurentius über Glaube, Hoffnung und Liebe* (*Enchiridion ad Laurentium de fide, spe et caritate*), um 423

Die drei göttlichen Personen bei der Erschaffung des Menschen. Detail von einem Sarkophag, 4. Jahrhundert. Arles, Musée de l'Arles Antique

verfaßt und für den römischen Laien Laurentius bestimmt, bietet eine kurze Darstellung des christlichen Glaubens.

Predigten

Die Gruppe der Predigten umfaßt zum einen die exegetischen Predigten (aus dieser Gruppe sind 142 zum Johannes-Evangelium und zehn zum ersten Johannes-Brief enthalten). Die Hauptmasse der augustinischen Predigten wird jedoch von der besonderen Gruppe der *Sermones* gebildet. Nach der Angabe des Possidius waren im 5. Jahrhundert insgesamt 279 Predigten Augustins bekannt; aus mittelalterlichen Handschriften kennt man heute ungefähr 650 Predigten, von denen etwa 400 als echt gelten. Der Text der Predigten beruht fast ausschließlich auf Stenogrammen, die Schnellschreiber angefertigt haben.

Moral- und pastoraltheologische Schriften

Zu dieser Gruppe zählen eine Anzahl von Texten, die unterschiedlichen Themen gelten. In zwei Schriften, dem 420 entstandenen *Gegen die Lüge* (*Contra mendacium*) und *Über die Lüge* (*De mendacio*) aus dem Jahr 395 analysiert Augustinus die Lüge. Gegen ehefeindliche Ansichten des Hieronymus richtet sich die Schrift aus dem Jahr 401 *Über das Gut der Ehe* (*De bono coniugali*). Auf Bitten des karthagischen Diakons Deogratias schrieb er 400 die Anleitung *Über die Unterweisung der Ungelehrten* (*De catechizandis rudibus*). Diese Schrift wollte Erwachsenen, die sich als Katechumenen melden, eine erste Einführung in das Christentum vermitteln.

Briefe

Augustinus war ein eifriger Briefschreiber; Adressaten dieser mitunter den Umfang und den Gehalt von Abhandlungen erreichenden Schreiben waren seine Freunde, kaiserliche Beamte, Bischöfe und auch seine Gegner. Viele Briefe betreiben Seelsorge oder unterrichten über Augustins Sicht theologischer Fragen. Einzelne Briefe haben amtlichen Charakter als Synodal- oder bischöfliche Kollektivschreiben. Besondere Bedeutung hat der Briefwechsel mit Hieronymus.

Die Augustinerregel

Die Ordensregeln, auf die sich die Augustiner-Chorherren und die Augustiner-Eremiten beriefen und die für die Wirkung Augustins im Mittelalter bedeutsam waren, gehen auf drei Texte zurück, deren Echtheit nicht über jeden Zweifel erhaben ist. In einem unter seinem Namen überlieferten Brief (ep. 211) schlichtet Augustinus einen im Nonnenkloster zu Hippo entstandenen Streit. Aus den hierzu gegebenen Regeln stellt Augustinus eine *Nonnenregel* (*Regula ad virgines* oder *Regula I*) auf, aus der sich später die Augustinerregel herleitet. Ferner gibt es unter Augustins Namen zwei Mönchsregeln (*De ordine monasterii* oder *Regula II* und die *Regula III*, auch *Regula ad servos dei* genannt), die von der Mehrzahl der Forscher als echt und als Grundlage der *Regula I* angesehen werden.

Die Gnadenlehre Augustins als Wendepunkt

Von den Dialogen von Cassiciacum zur Gnadenlehre

Ein derart voluminöses Gesamtwerk zwingt dazu, auszuwählen und sich über die entscheidenden geistigen Entwicklungsschritte Augustins sowie über seine zentralen Schriften klarzuwerden. Überblickt man sein Werk im ganzen, fällt bald eine große Unterschiedlichkeit zwischen Früh- und Spätwerk auf. Dieser Wandel setzt in den Jahren 388/89 ein: Hatte er zuvor für einen kleinen Kreis von Intellektuellen Texte über philosophisch-theologische Probleme geschrieben, die oftmals mehr dem eigenen Erkenntnisfortschritt dienten oder helfen sollten, sich des eigenen Standpunkts zu versichern, verändert sich nun sein Anspruch. Augustinus faßt stärker ein weiteres Publikum in den Blick und verfolgt die Absicht, seine Auffassungen zu verbreiten und andere Meinungen zurückzuweisen. Er richtet sich nicht mehr an ein kleines, hochgebildetes Lesepublikum wie in den Frühschriften, sondern er möchte breite Bevölkerungsschichten für das Christentum, wie er es verstand, gewinnen – eine Aufgabe, bei der Augustinus auch stärker als Prediger auf mündliche Bekehrung setzte. Daß diese oftmals einfacheren Menschen nicht die durch Bildung entwickelte Fähigkeit besaßen, Glauben und Wissen, Autorität und Vernunft gegeneinander abzuwiegen, spiegelt sich in seinen Texten deutlich wider. Waren seine Texte, die er in Cassiciacum geschrieben hat, Mittel der Wahrheitssuche, werden seine Schriften nun immer deutlicher zu einem Medium der kirchlichen Wahrheitsverwaltung. Für diesen Charakter seines Schreibens gab es mit der Mutter Monnica, die in mehreren frühen Dialogen als Vertreterin rechten Glaubens auftrat, immerhin eine gewisse Vorstufe.[91]

Indem sich der Charakter und der Adressatenkreis seiner Texte deutlich änderten, verstärkte sich auch der Zweifel bei Augustinus, ob sich Christentum und antike Kultur tatsächlich so weitgehend und so bruchlos harmonisieren lassen, wie er es bislang angenommen hatte. In der Auseinandersetzung mit den Manichäern ist zum erstenmal deutlich ein Zug spürbar, der den Wert des Intellekts einschränkt und die Vorzüge des schlichten Glaubens hervorhebt. Auch an der Möglichkeit, daß das Ideal des Weisen erreichbar ist, das für ihn in Cassiciacum leitend war, zweifelt er inzwischen stärker. Je länger Augustinus lebt und an seinem Werk arbeitet, um so deutlicher rückt er von dem Optimismus ab, den seine Frühschriften zeigen: Hatten die Dialoge von Cassiciacum ein kontemplatives Philosophieren als hohen, beinahe durch sich selbst gerechtfertigten Wert gezeigt und offenbarten sie, welche Fortschritte sich durch die Mittel des Intellekts erreichen lassen, betont der späte Augustinus mehr und mehr den Unterschied zwischen Gott und Mensch. Der optimistische Intellektualismus seiner Frühschriften erscheint ihm nun fragwürdig, und das weltabgewandte Philosophieren wird von ihm als egoistische Daseinsform kritisiert. Der Mensch solle sich – wie er als Bischof – für die Belange der Gemeinschaft einsetzen und eher eine tätige Lebensform, die vita activa, als sein Lebenskonzept wählen.

Zwischen den Cassiciacum-Dialogen und seinen späteren Texten besteht jedoch kein klarer Bruch. Vielmehr prägt sich immer deutlicher das aus, was auch die Frühschriften bereits in sich getragen haben. Das Ideal des Weisen, wie es Augustinus zeichnet, war im übrigen von Anfang an eine Konstruktion aus der philosophischen Tradition und christlichen Elementen. Ein absoluter, rigider Zug ist diesem Idealbild bereits in den Frühschriften immanent: Der Weise, der das Richtige erkannt hat, verliert etwas spezifisch Menschliches – die Suche. Dieser Zug verstärkt sich im weiteren Werk des Augustinus. Aus dem jungen Augustinus, dessen philosophisches Interesse darauf abzielte, in gemeinsamen Gesprächen sich der Wahrheit anzunähern, ist der Kirchenlehrer geworden, der mit seinen Schriften den hohen Anspruch für sich erhebt, aus der sich selbst zugeschriebenen Erleuchtung heraus für andere mitdenken und seinen Aussagen quasidogmatisches Gewicht verleihen zu können.

Mit dieser Veränderung im Anspruch und im Charakter seines Werks ist die Entwicklung seiner Gnadenlehre eng verknüpft. Von ihrer ersten Formulierung an läßt sich diese neue Tendenz deutlich verfolgen. Und wenn man sich den spezifischen Inhalt dieses Entwurfs vergegenwärtigt, wird man es für folgerichtig halten, daß sich mit dieser Lehre zugleich auch ein neuer Wesenszug ausprägen mußte. Die Gnadenlehre bildet gewissermaßen den Angelpunkt des augustinischen Denkens. Nur durch sie wird der Einsatz Augustins gegen die Donatisten und die Pelagianer verständlich, und von ihr aus lassen sich auch die übrigen zentralen Werke Augustins erschließen.

Der entscheidende Text, der zum erstenmal eindeutig und grundlegend die Gnadenlehre formuliert, ist die zweite Frage (Quaestio) des ersten Buchs seiner Sammelschrift *Über verschiedene Fragen an Simplician* (*De diversis quaestionibus ad Simplicianum I 2*). Simplicianus war gerade Nachfolger des Ambrosius im Mailänder Bischofsamt geworden und ausgesprochen an Philosophie interessiert. Deshalb hatte er an Augustinus mehrere Fragen gerichtet; unter anderem hatte er sich danach erkundigt, wie eine Stelle im Römerbrief des Paulus (9, 10–29) zu erklären sei. Paulus legt dort dar, weshalb Gott den Juden seine Gunst entzogen hat, und stellt dabei eine Analogie zu der alttestamentarischen Geschichte von den Zwillingen Jakob und Esau her, denen Gott noch vor ihrer Geburt eine unterschiedliche Wertschätzung entgegenbrachte. Den Jakob habe ich geliebt, den Esau gehaßt, heißt es dort von Gott.

In seiner 396/97 entstandenen Antwort an Simplicianus, seiner wohl ersten Schrift als Bischof, erklärt Augustinus, daß es für diese Gunstverteilung Gottes keine objektivierbaren Gründe gegeben habe. Gott habe aus für Menschen nicht nachvollziehbaren Gründen seine Gnadenwahl getroffen, die von Verdiensten oder Mängeln der Menschen nicht beeinflußbar sei. Schon vor der Geburt Jakobs und Esaus stand ja seine Wahl fest. Eine Erklärung über die Gründe Gottes verlangen zu wollen, heißt für Augustinus, etwas Unmögliches anzustreben und zeugt damit selbst von Hochmut: *Wollten wir hier sagen: «Wieviel besser wäre es, wenn beide gerettet worden wären!», so könnte uns nichts Passenderes erwidert werden als: «O Mensch, wer bist du, daß du Gott zur Rede stellen willst?» (Röm. 9,20)* [92] Das Verhältnis zwischen menschlichem Verdienst und

Paulus als Lehrer und Wunderübender (links) und Adam im Paradies. Elfenbeindiptychon, um 400. Florenz, Bargello

göttlicher Gnade, zwischen Ursache und Wirkung ist bei Augustinus aufgelöst. Die göttliche Gnade wird nicht aufgrund guter Werke erteilt, und es ist unzulässig zu erwarten, daß zumindest jeder, der sich durch gute Werke empfiehlt, von Gott begnadet wird. Augustinus besteht darauf, daß der göttliche Wille durch menschliches Bemühen nicht beeinflußbar und die Gnadenwahl Gottes, einmal getroffen, unabänderlich sei. Wäre die göttliche Entscheidung zu beeinflussen, müßte sie auch revidierbar sein, und Gott könnte bald diesen, bald einen anderen Willen haben. Mit dem Gottesbild Augustins ist diese Annahme unvereinbar, und auch eine weitere in ihr liegende Konsequenz, daß nämlich von Gott und Mensch etwas zugleich bewirkt werde, lehnt er entschieden ab. Augustinus betont die Souveränität der göttlichen Gnadenwahl so stark, daß er zuweilen sogar annimmt, daß selbst außergewöhnliche Sünder begnadigt werden. Schließlich läßt Augustinus die rational eher einleuchtende Erklärung keineswegs gelten, Gottes Gnadenwahl erfolge aus seinem Vorherwissen, wer sich die Gnade später durch sein Leben verdienen werde. Wenn dies zuträfe, hätten die Werke wieder die Oberhand über die unerforschliche Gnade.

In dem Entwurf Augustins werden der göttlichen Gnade weitere Eigenschaften zugesprochen. Sie ist unwiderstehlich: Wem sie zuteil wird, kann ihr nicht zuwider handeln. Ferner ist die Gnade eine Ausnahme, sie privilegiert nur wenige Menschen: Der Gott des Augustinus läßt durch seine Gnade eine kleine Minderheit selig werden, die meisten werden auf ewig verdammt werden. Den Verdammten bleibt nur der Trost, daß sie ihr Elend ebensowenig verursacht haben wie die wenigen Begnadeten ihr Glück.

Die Gnadenlehre läßt die Bedeutung des freien Willens nicht unberührt und zwingt Augustinus, von Positionen abzurücken, die er früher in der Schrift *Über den freien Willen* (*De libero arbitrio*) eingenommen hatte. In seinen *Retractationes*[93] verwirft Augustinus seine frühere Lehre vom freien Willen ganz ausdrücklich als Irrtum. In dieser früheren Schrift hatte er dem freien Willen einen hohen Wert zuerkannt: *So erinnerst du dich wohl des Ergebnisses des ersten Gespräches, daß der Geist durch nichts anderes ein Knecht der Begierde wird als durch seinen eigenen Willen. Denn weder von einer höheren noch von einer gleichen Macht kann er zu solch schmachvollem Tun gezwungen werden, da das ungerecht wäre, aber auch von keiner niederen, da diese dazu außerstande ist.*[94] Auch das Vorherwissen Gottes hatte für den frühen Augustinus nicht impliziert, daß der freie Wille des Menschen dadurch aufgehoben wäre[95]: *Deshalb wäre unser Wille kein Wille, stände er nicht in unserer Macht. Da er aber in unserer Macht steht, ist er unser freier Besitz. Denn das ist kein freier Wille, über den wir keine Macht haben, und haben wir sie, dann gibt es ihn auch. So brauchen wir Gottes Vorherwissen alles Zukünftigen nicht zu leugnen und können doch festhalten, daß wir wollen, was wir wollen.*[96] Die Vorstellung vom freien Willen gibt Augustinus zwar auch jetzt nicht auf, doch höhlt er seine Bedeutung aus. Die Freiheit des Willens erklärt nur noch die Verschuldung des Menschen. Handelt der Mensch ohne göttliche Gnade allein aus eigener Freiheit des Willens heraus, wird er sich immer und mit Notwendigkeit verfehlen. Ohne göttliche Gnade ist der freie Wille also wertlos. Sinnvoll wird er erst, wenn er durch das göttliche Gnadengeschenk befreit wird: *Höhlen wir demzufolge durch die Gnade den freien Willen aus? Keineswegs! Wir richten vielmehr den freien Willen auf. Denn so wenig das Gesetz durch den Glauben, so wenig wird die Freiheit der Entscheidung durch die Gnade ausgehöhlt, sondern vielmehr aufgerichtet (vgl. Röm. 3,31). Denn das Gesetz kann nur erfüllt werden mit der freien Willensentscheidung. Aber «durch das Gesetz kommt es zur Erkenntnis der Sünde» (Röm. 3,20), durch den Glauben erlangt man Gnade [zum Kampf] gegen die Sünde, durch die Gnade kommt es dann zur Heilung der Seele vom Sündenschaden, durch die Gesundung der Seele zur Freiheit der Entscheidung, durch die freie Entscheidung erwächst die Liebe zur Gerechtigkeit, und schließlich durch die Liebe zur Gerechtigkeit die Erfüllung des Gesetzes. Und demnach wird das Gesetz durch den Glauben nicht ausgehöhlt, sondern aufgerichtet; denn der Glaube empfängt die Gnade, mit deren Hilfe man das Gesetz erfüllen kann. Genauso wenig aber wird die freie Entscheidung durch die Gnade ausgehöhlt, sondern aufgerichtet. Denn die Gnade heilt den Willen, so daß man die Gerechtigkeit mit freiem Willen lieben kann.*[97] Ohne Gnade läßt sich sinnvollerweise nicht von einem freien Willen sprechen. Denn eine Freiheit, die nicht für eine gute Möglichkeit genutzt werden kann, die notwendigerweise zum Verderben führt, ist eine absurde Vorstellung. Gott verhält sich nur zu den Erwählten aktiv, zu den Verdammten rein passiv. In einem Brief, den Augustinus 418 an Sixtus, den römischen Archidiakon und späteren Papst, geschrieben hat, kommt das gut zum Ausdruck: *Suchen wir nämlich nach einer Schuld der Verhärtung, so finden wir sie. Denn billigerweise ist ja die ganze mit der Sünde behaftete Masse verdammt, und Gott verhärtet nicht, indem er die Bosheit erteilt, sondern indem er die Barmherzigkeit nicht erteilt. Jene aber, denen er sie nicht erteilt, sind ihrer nicht würdig und verdienen sie nicht; vielmehr sind sie würdig und verdienen, daß sie ihnen nicht erteilt werde. Suchen wir aber nach einem Verdienste, das Barmherzigkeit nach sich ziehen müßte, so finden wir ein solches nicht, weil keines vorhanden ist; denn die Gnade würde ihre Bedeutung verlieren, wenn sie nicht umsonst verliehen, sondern als Lohn für ein Verdienst gegeben würde.*[98]

Die Gnadenlehre Augustins hat offenbar die Funktion, eine Erklärung dafür anzubieten, weshalb die Menschen nicht alle gerettet werden, sondern zu einem großen Teil einer ewigen Strafe anheimfallen. Eine solche weittragende und harte, im übrigen auch völlig unbeweisbare Annahme läßt sich prinzipiell durch zwei konträre Erklärungsmodelle untermauern. Man kann sagen, über Rettung und Verdammnis entscheiden die moralischen Verdienste jedes einzelnen. Oder man nimmt einen Gott an, der erwählt wie ein willkürlicher Tyrann, ohne daß von Menschen nachvollziehbare Gründe hierfür benannt werden könnten. Da Augustinus um keinen Preis dem ersten Denkansatz folgen wollte, mußte er alle argumentative Anstrengung daransetzen, das zweite Modell plausibel und akzeptabel erscheinen zu lassen. Aber wie kann man etwas belegen, das sich so sehr gegen jedes menschliche Bedürfnis nach Sinn und Gerechtigkeit sträubt? Augustinus verfiel deshalb auf einen eleganten Ausweg: Er verknüpft die Gnadenlehre auf sehr komplexe Weise mit der Erbsündenlehre. Diese – zuerst von Augustinus hergestellte – Verflechtung bot seiner Argumentation den gewünschten Ansatzpunkt. Nach der Erbsündenlehre sind alle Menschen ausnahmslos bereits schuldig geworden. Sie macht deshalb das zweite Modell annehmbar, da es Gott nur für die Gnadenwahl verantwortlich macht, während sich der Mensch – wegen der Erbsünde – für seine Verwerfung die Schuld selbst zuschreiben muß. Gott ist dann nicht mehr ein blindlings strafender und rettender Herrscher, sondern er trifft unter den ohnehin und aus eigener Schuld Verworfenen eine – zugegebenermaßen willkürliche – Auswahl. Jetzt ist Gott nicht mehr der Despot, sondern wird für Augustinus zu einem milden Richter, der einige, die aufgrund ihrer Schuld Strafe verdient hätten, unerwartet begnadigt: *Da nun, wie der Apostel sagt, in Adam alle sterben – hat sich doch von ihm als dem Ursprung die Beleidigung Gottes über das ganze Menschengeschlecht ausgebreitet –, so sind folglich alle Menschen wie ein einziger Sündenklumpen, der von der höchsten Gerechtigkeit die Todesstrafe verdient hat. Wird sie eingefordert oder erlassen, so ist beides keine Ungerechtigkeit. Urteilen die Schuldner darüber, von wem sie einzufordern und wem sie zu erlassen ist, so geschieht dies in hochfahrendem Stolz, so wie die für den Weinberg gedungenen Arbeiter sich zu Unrecht entrüsteten, als anderen ebensoviel geschenkt wie ihnen bezahlt wurde.*[99] Bereits die harte Wortwahl, mit der Augustinus Menschen bezeichnet (*Sündenklumpen*!), macht die nicht annehmbaren Konsequenzen dieses Denkmodells unübersehbar. Der Aufwand, den Augustinus in argumentierender und rationaler Darlegung betrieben hat, steht letztlich in einem krassen Mißverhältnis zu den Problemen, die diese Lehre

Adam, Eva und die Schlange am Baum der Erkenntnis. Gebrannte Tonkachel aus Afrika, nach 400. Tunis, Musée Bardot

aufwirft. Das gilt sowohl in moralischer wie in philosophischer Hinsicht. So muß gefragt werden, wie ein Mensch stellvertretend für alle gesündigt haben kann und wie man sich eine mit der Erbsündenlehre behauptete Übertragung moralischer Schuld vorstellen soll? Auch diese Hürde nimmt Augustinus dank seiner umtriebigen Rhetorik, die Argumente auch jenseits des allgemeinen Vorstellungshorizontes ausfindig macht. Im Prinzip hat Augustinus zwei Lösungen erwogen: Zum einen könnte Gott zugleich mit jeder menschlichen Seele eine Verbindung zur Schuld Adams geschaffen haben.[100] Doch ginge in diesem Fall die Sündentradierung auf Gott selbst zurück, was mit dem christlichen Gottesbild unvereinbar ist. Augustinus hat sich deshalb für eine andere Möglichkeit entschieden und diese wiederholt und mit starkem Nachdruck vertreten. Die Schuld Adams vererbe sich beim Geschlechtsakt. Und das werde ja auch darin deutlich, daß die Sexualität wie nichts anderes der Kontrolle des Willens entzogen sei.[101] Die Eigenmächtigkeit körperlicher Vorgänge, insbesondere der sexuellen Reaktionen, beunruhigte Augustinus offenbar außerordentlich, und er bemüht eine eigenwillige, ebenso intrikate wie weltfremde Argumentation, um sein Ideal der Körperbeherrschung durch den Willen zu belegen: *Es würde also der Mann Nachkommenschaft erzeugt und das Weib sie empfangen und sich dazu der Zeugungsglieder bedient haben, die wann und soweit nötig, durch den Willen bewegt, nicht durch Lust erregt worden wären. Denn nicht nur solche Körperteile bewegen wir nach Belieben, die durch feste Knochen gegliedert sind, wie Hände, Füße und Finger, sondern auch die, welche nur mit weichen Sehnen ausgestattet und schlaff sind. Wir bewegen sie, so oft wir wollen, hin und her, dehnen sie aus, drehen und wenden sie und versteifen sie durch Zusammenziehung, zum Beispiel Teile unsres Gesichts und Mundes, die der Wille mehr oder minder zu bewegen vermag. […] Besitzt doch auch, wie wir wissen, die Natur mancher Menschen von der Regel weit abweichende Eigenschaften, die wir wegen ihrer Seltsamkeit anstaunen. Denn sie können mit ihren Gliedern allerlei verrichten, was anderen ganz unmöglich ist, so daß sie es kaum glauben, wenn man's ihnen erzählt. So können einige ihre Ohren bewegen, entweder nur eins oder beide zugleich. Andere gibt es, die die ganze Kopfhaut, so weit die Haare reichen, zur Stirne vorschieben und wieder zurückziehen, so oft sie wollen, ohne den Kopf zu bewegen. […] Wenn also auch jetzt noch manchen Leuten, obschon sie in sterblichem Fleisch dies mühselige Leben führen, der Leib in allerlei Bewegungen und Regungen, dem gewohnten Lauf der Natur zuwider, wunderbar zu Diensten steht, warum sollen wir dann nicht glauben, daß vor der Sünde des Ungehorsams und der deswegen verhängten Strafe die menschlichen Glieder ohne Wollustgefühl dem menschlichen Willen hätten dienstbar sein können? So ward denn der Mensch sich selbst überlassen, da er Gott verließ und an sich selber Gefallen hatte, und, ungehorsam geworden gegen Gott, vermochte er nun auch sich selbst nicht mehr zu gehorchen. Dadurch aber ist des Menschen Elend klar zutage getreten, denn er lebt nun nicht mehr so, wie er will.*[102] In der Schrift gegen Julian (*Contra Iulianum*) macht er auf die unvergleichliche Bedrohung aufmerksam, die von der Sexualität für den Menschen ausgeht. Andere Begierden seien verglichen mit dieser einen weit weniger gefährlich. Die, zu essen und zu trinken, sei erträglich, sagt Augustinus, weil ihre Macht nicht so groß sei, daß sie den Menschen von den Gedanken, die sich auf die Weisheit beziehen, abhalten könne. Bei der Sexualität jedoch könne man nicht an Weisheit, ja nicht einmal an etwas anderes denken. *Wird nicht ihr der ganze Geist und der ganze Körper aufgewendet, und ihr Äußerstes durch die Unterdrückung des Geistes selbst erreicht?*[103] Augustinus verurteilt die Sexualität zwar nicht so rigoros wie der Manichäismus[104], und er erkennt auch an, daß Sexualität in der Ehe nicht verwerflich ist. Doch ist die Sexualität nach dem Sündenfall von anderer Qualität als die Adams und Evas vor dem Sündenfall. Da nach seiner Meinung gute Eheleute am liebsten ohne sinnliche Lust Kinder zeugen würden [105], schließt Augustinus: *Was aber gute Eheleute in diesem Leben lieber wollten, das glaube ich, müssen wir über jenes Leben im Paradies glauben, das bei weitem besser war, wenn wir nichts Besseres davon denken können.* [106] Nach der Auffassung Augustins war diese Sexualität wie die Bewegung von Hand oder Fuß dem Willen unterworfen [107], Geschlechtlichkeit und Willen waren identisch. Augustinus fingiert – um seiner überzogenen Gnadenlehre willen – in trickreicher, auf eine paradoxe Zuspitzung zulaufender Rhetorik eine Sexualität, die keine ist. Er versucht eine vorgeblich reine Sexualität (vor dem Sündenfall) gegen eine verwerfliche (nach dem Sündenfall) auszuspielen, ohne der Tatsache Rechnung zu tragen, daß es sinnlos ist, von der menschlichen Sexualität den Aspekt des Rauschhaft-Unkontrollierbaren zu trennen. Indem aber jeder Mensch notwendigerweise seine Existenz der Geschlechtlichkeit verdankt und sein ganzes Leben immer auch Geschlechtsleben ist, hat es Augustinus tatsächlich geschafft, ein universelles Verdikt gegen den Menschen zu formulieren, das ihn begründeterweise der Verdammnis überantwortet. Da alle Menschen auch notwendig essen müssen, hätte Augustinus auch den Eßakt derart stigmatisieren können. Daß er sich für die menschliche Sexualität entschieden hat, dafür gibt es naheliegende Gründe. Es sei gerade der der bewußten Kontrolle entzogene Orgasmus, der den Sündenfall im Paradies wiederhole: *Denn nachdem die Übertretung des Gebotes erfolgt und die göttliche Gnade von den Menschen entwichen war, setzte sie sogleich die Nacktheit ihrer Leiber in Verwirrung. Daher bedeckten sie mit Feigenblättern, die sie vielleicht in ihrer Aufregung zuerst wahrnahmen, ihre Schamteile. Es waren vorher dieselben Glieder gewesen, hatten aber noch nichts Beschämendes an sich. Jetzt spürten sie eine neue Regung ihres nun widerspenstigen Fleisches, gleichsam als strafenden Rückschlag ihres Ungehorsams. Denn die Seele, der ihre eigene, dem Bösen sich zuwendende Freiheit gefiel und der Dienst Gottes mißfiel, verlor die frühere Herrschaft über ihren Leib, und da sie den Herrn über sich eigenwillig verlassen, vermochte sie den Diener unter sich nicht mehr unter ihren Willen zu beugen und besaß nun nicht mehr ein fügsames Fleisch, wie sie es immer hätte haben können, wenn sie ihrem Gotte fügsam geblieben wäre.* [108] Wäre der menschliche Wille noch intakt – wie vor dem Sündenfall –, wäre die Sexualität ihm nach wie vor unterworfen und deshalb auch nichts Schlechtes.[109] Aus dieser Anschauung folgt eine merkwürdige Ehelehre (die in der katholischen Kirche im wesentlichen bis in das 20. Jahrhundert hinein galt): Die Ehe ist von Gott gewollt, aber nicht die Lust der ehelichen Vereinigung; das Produkt des ehelichen Beischlafs ist, weil aus sinnlicher Begierde entstanden, sündig: *Weiterhin kann man mit einiger Wahrscheinlichkeit behaupten, daß die kleinen Kinder mit den persönlichen Sünden ihrer Eltern belastet sind, und zwar nicht nur mit denen der ersten Menschen, sondern auch mit denen ihrer eigenen Eltern, aus denen sie geboren sind. Jener göttliche Ausspruch: «Ich werde die Sünden der Väter an den Kindern strafen», trifft sie ganz gewiß solange, als sie nicht durch die Wiedergeburt begonnen haben, zu dem Neuen Bund zu gehören. […] Aus dem Grund wird man ja wiedergeboren, damit man von jedweder angeborenen Sünde befreit werde.*[110] Und zum Beleg führt Augustinus Christus an, der ebendeshalb nicht auf diesem Wege geboren werden konnte. Da also der Geschlechtsakt Folge der Erbsünde ist, wäre es besser, die Menschen würden auf ihre Sexualität verzichten können. Daß dann das Menschengeschlecht bald zu existieren aufhören würde, schreckt Augustinus nicht: *Manche murren nun, wie ich weiß. Was soll denn werden, so meinen sie, wenn alle sich völlig vom Geschlechtsverkehr enthalten wollten. Aus welcher Quelle soll dann das Menschengeschlecht seinen Bestand schöpfen? Ach, daß doch alle dieses Ziel hätten, natürlich aus reinem Herzen, gutem Gewissen und ungeheucheltem Gedanken; weit schneller würde sich der Gottesstaat vollenden und das Ende der Weltzeit heraneilen.*[111] Der Wert des Menschen kann kaum geringer angesetzt werden, wenn es so leichtfällt, das Ende der menschlichen Geschichte zu denken. Aber nicht nur vom Ende her gedacht wirkt diese Anschauung un-menschlich. Denn jeder Mann und jede Frau müßten ja nach Augustinus mit einer Sexualität zurechtkommen, die keine ist, in einer Ehe, die den Namen ebenfalls nicht verdient, kurz: Sie müßten nach Vorstellungen leben, die nicht erfüllbar und nicht menschengemäß sind.

Für das Frauenbild hat eine solche Sicht natürlich weitreichende und negative Konsequenzen. Augustinus unterscheidet in der Liebe zu Frauen eine, die ihnen als Frauen gilt (welche er abwertet), und eine, die ihnen als Menschen gilt.[112] Es ist erneut derselbe argumentative Trick: Er konstruiert einen Begriff von Frau, die keine mehr ist. Immerhin können die Frauen mit einer Besserung ihres Status

Die Darstellung weiblicher Nacktheit auf dem Gemälde Botticellis belegt die Überwindung des strengen Augustinismus in der Renaissance: «Die Geburt der Venus» von Sandro Botticelli. Um 1480, Florenz, Galleria degli Uffizi

für die Zeit nach der Auferstehung rechnen.[113] Zwar stehen sie nicht als Männer, sondern als Frauen wieder auf; doch können sie dann ohne Begehrlichkeit angeschaut werden und legen Zeugnis für die Weisheit dessen ab, der sie geschaffen hat.[114]

Es bleibt jedoch problematisch, die Schuld jedes einzelnen Menschen mit dem Hinweis auf die erste Sünde Adams zu belegen. Logisch begeht Augustinus hier einen Kategorienfehler: Ein moralisches Problem wird in ein biologisches uminterpretiert. Noch schwerer allerdings wiegt, daß Augustinus die menschliche Unzulänglichkeit und die drohende Verdammung nahezu einseitig aus der Sexualität herleitet. Mit seiner Erbsündenlehre hat sich die im Christentum und in seinem eigenen Denken ohnehin vorhandene Tendenz, die menschliche Sexualität geringzuschätzen, noch einmal erheblich verschärft: Augustinus ist einer der zentralen Urheber für einen unnatürlichen und verkrampften Umgang mit der Sexualität, der das Leben zahlloser Menschen in allen Epochen der europäischen Geschichte verheerend beeinträchtigt hat. Das Frauenbild, der Umgang zwischen Mann und Frau, Fragen der Erziehung, die Gestaltung des öffentlichen Lebens und nicht zuletzt die psychische Entwicklung jedes einzelnen Menschen sind davon betroffen gewesen. Wie stark Augustins Ansichten zur Sexualität auch heute noch nachwirken, läßt sich nicht ermessen, doch es ist kaum zu bezweifeln, daß sie das mentalitätsgeschichtliche Fundament, auf dem unser Leben und unser Denken basieren, mitgeprägt haben.

Die Radikalität seiner Ansichten zur Sexualität gibt auch Anlaß, nach psychologischen und psychoanalytischen Erklärungen zu fragen. Nicht wenige Interpreten glauben, mit diesem Aspekt einen Schlüssel zu besitzen, um den psychischen Strukturen Augustins auf die Spur zu kommen. Tatsächlich hat sich Augustinus immer wieder gedrängt gefühlt, ausführlich über sein eigenes Sexualleben und über seine Ansichten zur menschlichen Sexualität zu berichten. Dieser bemerkenswerte Mitteilungswille macht ihn zu einer herausgehobenen Erscheinung in der gesamten Antike: So sehr, so obsessiv wie er hat sich keiner immer wieder mit diesem einen Thema beschäftigt. Es scheint, daß er seine eigene Sexualität nie bejaht, sie vielmehr als demütigende Erfahrung kennengelernt hat. Die nach der Bekehrung sich einstellende Flucht des Augustinus vor allem Sexuellen hat einen – zumindest nach heutigem Empfinden – pathologischen Zug.[115] Daß die sexuelle Enthaltsamkeit nach dem Text der *Bekenntnisse* für den bekehrten Augustinus das wichtigste Element seiner neuen Lebensführung ist, fällt ebenso auf wie die dort geäußerten Selbstbezichtigungen, die ihn als zügellosen sexuellen Abenteurer zeigen. Nach allem, was sich ermitteln läßt, stimmen seine Selbstanklagen mit der Realität jedoch wenig überein. Unmöglich konnte Augustinus ja auch die Realität so sehr beunruhigen, wie es die Wahrnehmungs- und Bewertungsmuster taten, in denen er verfangen war: Er hatte in einer festen Beziehung, einem Konkubinat, gelebt, das nach spätantiker und auch christlicher Anschauung als völlig legitime Verbindung galt. Von ausgelebter Promiskuität kann nicht die Rede sein, allenfalls davon, daß sich für ihn das Verhältnis zwischen Körper und Seele außerordentlich disharmonisch darstellte. Als eigentlicher Mensch hat ihm die Seele gegolten, den Körper hat er demgegenüber abgewertet.

Die Erbsünde hat jedoch in der Vorstellung des Augustinus nicht nur die Sexualität der Kontrolle durch den Willen entzogen. Nach ihr ist der menschliche Wille seitdem im ganzen korrupt und nicht mehr in der Lage, Handeln im wahrhaft christlichen Sinn zu garantieren.[116] Doch schon vor der ersten Sünde durch Adam war der menschliche Wille kein hinreichender Grund für gutes Handeln; schon bei Adam hätten der intakte menschliche Wille und göttliche

Gnade zusammenwirken müssen.[117] Nach dem Sündenfall ist der menschliche Wille unheilbar verdorben. Man muß sich deshalb das Problem vorlegen, ob Augustinus hier einen Voluntarismus wie Duns Scotus und Wilhelm vom Ockham vertritt, also den göttlichen Willen, nicht den Intellekt, als ethisches Urteilskriterium ansieht und die Inhalte als auch die Erfüllung der Gebote Gottes ganz dessen Willen überläßt. Doch wird von Augustinus der göttliche Wille immer als vernünftig angesehen, eine Antithese von Vernunft und göttlicher Willkür existiert für ihn nicht.[118] Auch in der Zuspitzung Augustins, die nur ein reines Gewissen und vollkommene Schlechtigkeit, keinen mittleren Zustand anerkennt, verbergen sich weitreichende ethische Probleme. Es stellt sich die Frage, wie der Mensch für die Zerrissenheit seines Willens verantwortlich sein kann. Das Denken Augustins engt ferner den Wert guter Taten ein. Werden sie nicht aus einer richtigen Willensentscheidung ausgeführt, sind auch an sich gute Taten wertlos.

Als weitere Ungereimtheiten und Schwierigkeiten, die die Gnadenlehre Augustins als eine «philosophisch inkonsistente und ethisch unhaltbare Position»[119] erscheinen lassen, seien noch einige Punkte genannt.

Es erhebt sich die Frage, welche Qualität der göttlichen Liebe zukommt. Indem Gott einen begnadeten Menschen rettet, einem anderen seine Gnade vorenthält und ihn der ewigen Verdammnis überläßt, liebt Gott eigentlich nicht einen Menschen, sondern die Gnade, die er ihm schenkt: *Alle Geschöpfe Gottes sind gut, und jeder Mensch, insofern er Mensch ist, ist Geschöpf, nicht, insofern er Sünder ist. Gott ist Schöpfer des Leibes und der Seele des Menschen. Keines von beiden ist böse, und keines von beiden haßt Gott; denn er haßt nichts von dem, was er geschaffen hat. Zwar ist die Seele vortrefflicher als der Leib, Gott aber vortrefflicher als die Seele und der Leib, da beider Urheber und Begründer; nichts haßt er am Menschen außer der Sünde. Die Sünde ist eine Ungeordnetheit und Verkehrtheit des Menschen, d. h. eine Abkehr vom Schöpfer, dem der höchste Rang zukommt, und eine Hinwendung zum Geschaffenen, das niedriger steht. Gott haßt also nicht den Menschen Esau, sondern Gott haßt den Sünder Esau. […] Weil er Jakob geliebt hat, war Jakob deswegen etwa kein Sünder? Gott hat an ihm nicht die Schuld geliebt, die er tilgte, sondern die Gnade, die er schenkte.*[120]

Die Vorstellung, daß Gott nicht die Rettung und die Seligkeit aller Menschen will, fällt ebenfalls schwer. Sie widerspricht zudem der biblischen Tradition. Bei Paulus 1 Tim. 2,4 heißt es ausdrücklich: «Gott will, daß alle Menschen gerettet werden.» Augustinus argumentiert gegen diese Stelle an und meint, der Apostel spreche nur von den Auserwählten[121], oder Gott wolle Menschen aller Stände (Könige, Nichtadelige, Gebildete, Ungebildete usw.) selig machen, oder Gott bewirke bei uns lediglich das Wollen, daß alle Menschen selig werden.[122] Es erscheint ferner befremdlich, wenn der Gott Augustins die Verdammten zu Demonstrationsobjekten degradiert: *Der Gerechte soll durch die Furcht vor Gott von bösen Werken gereinigt werden, wenn er die Strafen an den Sündern vollzogen sieht. Daß Gott also, um seinen Zorn zu zeigen, die Gefäße des Zorns ertrug, ist geeignet, bei anderen eine nützliche Furcht hervorzurufen und den Reichtum seiner Herrlichkeit zu erweisen an den Gefäßen des Erbarmens, die er zur Herrlichkeit vorherbestimmt hat. Denn es zeigt diese Verhärtung der Gottlosen zweierlei: Zum einen zeigt sie, wovor man sich fürchten soll, damit ein jeder sich in frommer Gesinnung zu Gott bekehrt, zum anderen, wieviel Dank der Barmherzigkeit Gottes zu sagen ist, der durch die Bestrafung der einen zeigt, was er den anderen erläßt. Wenn die Strafe, die er von den einen einfordert, nicht gerecht wäre, würde er den anderen, von denen er sie nicht einfordert, nichts erlassen. Sie ist aber gerecht, und es gibt keine Ungerechtigkeit bei Gott, der strafend einschreitet. Wer könnte ihm genügend Dank sagen, der die Schuld erläßt, von der niemand zu Recht sagen könnte, er würde sie nicht schulden, wenn Gott sie einfordern wollte?*[123] Man wird kaum vermeiden können, die Vorstellung ewiger Verdammnis als inhuman zu bezeichnen. Gleiches gilt für die Erwartung, daß die Geretteten sich an ihrem Heil erfreuen können, obwohl sie von der Qual der Verdammten wissen. Hier zeigt sich eine Form von schwarzer Pädagogik, die ganz danach geschaffen ist, den Menschen einzuschüchtern, ihn klein zu halten. Wie steht es mit der Gerechtigkeit eines solchen Gottes, den unverkennbar anthropomorphe Züge kennzeichnen? Auch hier zeigen sich logische Unstimmigkeiten. Die Gnadenlehre nimmt einerseits den Begriff der Gerechtigkeit Gottes in Anspruch und bestreitet zugleich, daß das möglich ist.[124] Bei der folgenden Briefstelle demonstriert Augustinus wider Willen, wie schief der Begriff der Gerechtigkeit letztlich werden muß, wenn die Gnadenlehre konsequent vertreten wird: *So werden also alle, die sich wegen ihrer Sünden und Ungerechtigkeiten entschuldigen wollen, deshalb mit vollster Gerechtigkeit bestraft, weil alle, die gerettet werden, nur durch die Gnade errettet werden. Wenn*

Die Hölle.
Rechter Flügel
des Triptychons
«Der Garten
der Lüste» von
Hieronymus Bosch
(um 1450–1516).
Madrid, Museo
del Prado

aber jene Entschuldigung gerecht wäre, dann würde nicht mehr die Gnade, sondern die Gerechtigkeit befreien. Wenn aber nur die Gnade befreit, so findet sie in dem, den sie befreit, nichts Gerechtes, weder den Willen noch die Handlungsweise, nicht einmal die Entschuldigung.[125]

Möglicherweise hat die Gnadenlehre Augustins als Hintergrund eine rationalistische Konstruktion: So wie die Welt aussieht, scheint sie von keinem gerechten Schöpfer zu stammen; andererseits muß Gott gerecht sein. Und deshalb muß man folgern, daß der jetzige beklagenswerte Weltzustand als Strafe aufzufassen ist.[126]

Merkwürdig ist auch der Zweck, den Gott mit seiner Schöpfung verfolgt: Die Menschen, denen die Gnade zuteil geworden ist und die dadurch gerettet worden sind, sollen die durch den Abfall der Engel verminderte Zahl der Seligen ergänzen: *So gefiel es also Gott, dem Schöpfer und Erhalter der Welt: Während nicht die Gesamtheit der Engel durch Abfall von Gott dem Verderben preisgegeben war und diejenigen, die zugrundegegangen waren, für immer verloren blieben, empfing der Teil der Engel, der bei der Empörung treu geblieben war, die Gewißheit, daß ihr Glück in alle Zukunft kein Ende nehmen werde. Das andere vernunftbegabte Geschöpf, der Mensch, der durch ererbte und eigene Sünden und Strafen ganz verlorengegangen war, sollte aus seinem wiederhergestellten Teil ergänzen, was der Fall der Dämonen der Gemeinschaft der Engel genommen hatte.*[127] Da diese Zahl feststeht, kann auch an der Zahl der Begnadeten nichts mehr geändert werden: *Gott weiß, was er tut und wie groß die Zahl sein muß, zuerst aller Menschen, dann die der Heiligen; kennt er doch auch die Zahl der Sterne, der Engel und – um von Irdischem zu reden – die Zahl der Tiere, der Fische, der Vögel, der Bäume, der Kräuter, ja sogar auch der Blätter und unserer Haare.*[128]

Diese Konzeption ist moralisch höchst problematisch. Wenn Gott unbeeinflußbar zusieht, wie sich die meisten ohne Aussicht auf Erfolg anstrengen, wird dem menschlichen Bemühen im Grunde der notwendige Halt entzogen. Und die Menschheit insgesamt erscheint als ein Experiment, mit dem Gott an einem Problem laboriert, für das leicht weit elegantere Lösungen gedacht werden können.

Augustinus hebt sich mit seiner Gnadentheologie entscheidend von der philosophischen Tradition der Antike ab: In dieser wurden Fehlhandlungen durch einen mangelnden oder falschen Gebrauch der Vernunft, deren Kraft durch die Affekte eingeschränkt war, begründet. Für Augustinus ist jedoch nach dem Sündenfall weniger die Vernunft unheilbar beschädigt als vielmehr der Wille, der nun nicht mehr auf Gott gerichtet wird, sondern auf den Menschen als Willensträger selbst. Die Gnadenlehre ist der entscheidende Ausdruck dafür, daß Augustinus mit zentralen Elementen der antiken Philosophie bricht. Das antike Ideal des Weisen, der im Aufstieg zur geistigen Welt sich selbst vollendet, wird von Augustinus destruiert. Die antike Philosophie und die christliche Religion sind in der Gnadenlehre Augustins nicht mehr miteinander vereinbar. Indem durch dieses Denkmodell alle menschlichen Werte belanglos werden, gerät das antike Fundament ins Wanken, auf dem der frühe Augustinus sein Denken aufgebaut hatte: Moralisches wie intellektuelles Bemühen des Menschen sind für ihn jetzt gleich unbedeutend. Insofern vollzieht die Gnadenlehre auch einen Bruch mit seinem Denken, das er zwischen 386 und 396 in Anlehnung an neuplatonische Gedanken entwickelt hatte. Auch von der christlichen Tradition entfernt sich die Gnadenlehre. Der Gedanke der Erbsünde, wie ihn Augustinus faßt, ist wohl vor ihm noch nicht geäußert worden. Bislang gingen die christlichen Autoren davon aus, daß durch Adam die Menschheit gefallen sei, ohne diese erste Verfehlung als übertragbare Sünde anzusehen. Der Gedanke, daß jeder einzelne in Adam mitgesündigt hat, den Augustinus aus seiner Auslegung von Paulus, Röm. 5,12, herleitet, erscheint zum erstenmal 395 in seiner Schrift *Über den freien Willen* (*De libero arbitrio*). Da für Augustinus auch kleine Kinder und selbst Säuglinge von der Erbsünde betroffen sind und der ewigen Verdammnis anheimfallen müssen, wenn sie nicht getauft werden, gewinnt er aus seiner Gnadenlehre auch ein Argument für die Notwendigkeit der Kindertaufe. Man fragt sich, wie die Notwendigkeit der Kindertaufe mit dem früher von Augustinus erstrebten Gleichgewicht aus Vernunft und Glaube zusammengeht. Wenn die Taufe kleiner Kinder ein Mittel ist, sie vor der ewigen Verdammnis zu retten, dann scheint es für ihn einen Glauben ohne Bewußtsein zu geben.[129]

Die Abkehr, die Augustinus mit seiner Gnadenlehre von wichtigen Eckpfeilern antiken Denkens und des von der klassischen antiken Philosophie geprägten Menschenbildes vollzog, blieb nicht folgenlos. Die Gnadenlehre entwirft ein neues Lebensmuster, das Gewalt prinzipiell bejaht und das auch auf andere, nicht nur theologische Bezüge übertragbar ist. Der Donatistenstreit zeigt ein erstes Mal die verhängnisvolle, gefährliche Seite dieses Gedankengebäudes. Und viele dunkle Kapitel der europäischen Geschichte sind in irgendeiner Weise mit der Gnadenlehre und ihren Auswirkungen in Verbindung zu bringen. Indem das Tun Gottes – nach menschlichen Kategorien bemessen – als willkürlich erscheinen muß und indem sich jede Frage nach den rationalen, einsehbaren Gründen, die Gott bestimmen, verbietet und als Akt des Hochmuts getadelt wird, liegt in diesem Denkmodell Augustins eine grundsätzliche Bejahung von autoritärer Herrschaft. Nach dem Vorbild der höchsten Herrschaft Gottes erscheinen Kontrolle, Relativierung und Rechtfertigung von Macht nicht mehr als schützenswerte Güter. Zumindest ist diese Gefahr nicht auszuschließen. Die Menschen sind nach Augustinus verdammt, göttliche Gewalt ist also gerechtfertigt. Doch auch staatliche? Wie leicht sich auch diese rechtfertigen läßt, wie niedrig mitunter die Barriere ist, die religiöse und politische Ziele trennen, hat der Donatistenstreit deutlich werden lassen. Und wer derart ungebrochen höchste Autorität für sich beansprucht, wer abweichende Meinung von vornherein diskreditiert wie der Gnadentheologe Augustinus, legt die Menschen auf eine Dulder- und Opferrolle fest. Augustinus nimmt jedenfalls seit der Darlegung seiner Gnadenlehre eine andere Haltung zur Gewalt ein. Für den jungen Augustinus war Christus noch das Sinnbild der Gewaltlosigkeit. So hatte er es in seiner Schrift *Über die wahre Religion* formuliert. Der späte Augustinus wird diese Ansicht in den *Retractationes* ausdrücklich kritisieren und der Legitimation der Gewalt weiter Vorschub leisten: *Sodann, als ich andernorts von unserem Herrn Jesus Christus sagte: «Nie hat er Gewalt gebraucht, sondern nur überredet und ermahnt.», war mir nicht in den Sinn gekommen, daß er die Verkäufer und Käufer mit Geißelhieben aus dem Tempel verjagt hat. Aber was hat das viel zu bedeuten? Übrigens hat er auch die Dämonen wider ihren Willen, nicht durch gütlichen Zuspruch, sondern durch herrische Gewalt ausgetrieben.*[130] Verschiedene Interpreten charakterisieren Augustinus deshalb als «Klassiker der christlichen Intoleranz».[131] Für Kurt Flasch hat Augustinus mit seiner Gnadenlehre die göttliche, dann auch die kirchliche und die familiäre Didaktik des Erschreckens und Quälens begründet: «[…] er rechtfertigt die Inquisition und modernere Formen der methodischen Gewaltanwendung zum Besten des Delinquenten; er eröffnet aber auch Innenräume der Reflexion und der Selbstqual; er bewirkt die Erregung radikaler Selbstentwertung und Verunsicherung.»[132]

Die augustinische Lehre wirkte noch in eine andere Richtung: Indem seiner Gnadenlehre ein derart zugespitzter Begriff vom

Christus als furchterregender Weltherrscher beim Jüngsten Gericht. Wandmalerei, Mitte des 4. Jahrhunderts. Rom, Commodilla-Katakombe

unfreien menschlichen Willen zugrunde liegt, hat er für die Folgezeit – gerade durch die beunruhigende Qualität seiner Ansicht – zahlreiche Reflexionen über den menschlichen Willen stimuliert und die neuzeitliche Entwicklung vorgezeichnet, die den Willen als selbständigen, vom Intellekt ebenso wie von den affektivischen Regungen unterschiedenen Faktor des Seelenlebens auffaßt.

Augustinus und Pelagius

Daß sich das Denken des Augustinus über die göttliche Gnade immer mehr verfestigte, muß auch auf die Auseinandersetzung mit Pelagius und seinen Anhängern, den sogenannten Pelagianern, zurückgeführt werden. In dieser Kontroverse baut Augustinus seine Gnadenlehre weiter aus, im Sinn einer Verschärfung.

Pelagius (ca. 354–422) war ein britischer Asket. Ursprünglich wollte er gegen die Verflachung des christlichen Lebens ankämpfen. Zunächst war die Aristokratie in Rom sein Hauptwirkungskreis, später, nach der Eroberung Roms durch die Goten, zog er mit seinen Anhängern nach Afrika und Palästina. Zur pelagianischen Bewegung zählten neben Pelagius selbst der Syrer Rufinus, Caelestius, der die Auseinandersetzung der nordafrikanischen Kirche mit dem Pelagianismus auslöst, und Julian von Eclanum, der später der Hauptgegner Augustins werden wird. Die Überlegungen des Pelagius basierten auf dem Grundsatz, daß es unsinnig ist, vom Menschen sittliche Vollkommenheit zu fordern, wenn er dazu nicht auch aus eigenem Vermögen in der Lage ist. Folglich muß es in der Macht menschlicher Freiheit liegen, diesem Ziel des Handelns gerecht zu werden. Der göttlichen Gnade, die auch Pelagius kennt, verdankt der Mensch sein Dasein, und sie hilft ihm, daß ihm frühere moralische Unzulänglichkeit auf seinem weiteren Weg nicht hinderlich ist. Die Erbsündenlehre Augustins teilt Pelagius nicht. Nach seiner Vorstellung ahmten die Menschen durch ihre eigenen Sünden Adam lediglich nach. Es besteht zwischen Adam und den nachkommenden Generationen also ein Verhältnis, das die Autonomie jedes einzelnen nicht in Frage stellt. Die Sünde des ersten Menschen korrumpiert weder Gottes Schöpfung noch hebt sie die Willensfreiheit des Menschen generell auf. Augustinus dagegen nimmt an, daß sich durch den Geschlechtsakt die Adamssünde stetig weitervererbt, und er konstruiert dadurch einen unentrinnbaren Mechanismus, der vom Menschen nicht aufgehoben werden kann. Der Mensch des Pelagius ist ein autonomes Wesen, während der des Augustinus hilflos und ohne Möglichkeit bleibt, sein Leben aus eigener Kraft gut und sinnvoll einzurichten. Selbst durch die Taufe verbessert sich seine Lage nicht entscheidend. Auch ein Getaufter ist für Augustinus ein Genesender, der zu langer und heikler Gesundung in der Herberge der Kirche bleiben müsse.[133]

Die pelagianische Bewegung erreichte bei weitem nicht eine Anhängerschaft, wie sie die donatistische Kirche für sich mobilisieren konnte. Auch das Ausmaß, in dem sie von der theologischen Lehre der katholischen Kirche abwich, war nicht annähernd vergleichbar. Pelagius strebte ja auch nie eine eigene Kirche an, sondern verstand sich als Katholik. Noch ein letzter Unterschied zu den Donatisten muß erwähnt werden: Während die Donatisten eine Auseinandersetzung heraufbeschworen, die breite Bevölkerungsschichten erfaßte, blieb der Streit um Pelagius im Grunde immer eine wissenschaftliche Kontroverse auf der Ebene der Theologen, der Fachgelehrten. Hier war jedoch das Echo um so spürbarer, vor allem weil

Augustinus dieser Kontroverse seinen Stempel aufdrückte. In der Furcht, seine eigene Gnadenlehre werde in ihrem Fundament erschüttert, setzte er alle Hebel in Bewegung, diese Debatte in seinem Sinn zu bestimmen.

Zeitlich erstreckte sich die Auseinandersetzung mit dem Pelagianismus von 408, als erste Konflikte sichtbar wurden, bis zum Jahr 431, in dem der Pelagianismus endgültig auf dem Konzil von Ephesus verurteilt wird.

In der nordafrikanischen Kirche entzündet sich der Konflikt an den sechs Sätzen, die Caelestius aufgestellt hatte. Diese und die Schrift des Pelagius «Über die Natur» waren die wichtigsten Texte, auf die sich Augustinus in der Auseinandersetzung mit dem Pelagianismus durchgängig bezog. Bereits im Jahr 411 verurteilt eine Synode in Karthago die im Pelagianismus liegende Tendenz, die Bedeutung der Kindertaufe zu relativieren. Diese Meinung wird von Papst Innozenz I. geteilt, sein Nachfolger Zosimus zögert zunächst, schließt sich jedoch später ebenfalls der Verurteilung des Pelagianismus an. In diesem Zusammenhang betont Augustinus die Relevanz der päpstlichen Autorität; das später entstandene geflügelte Wort *Roma locuta, causa finita* (*Rom hat gesprochen, der Fall ist erledigt*) geht hierauf zurück.[134] Eine deutliche Verschärfung in diesem Streit trat im Jahr 413 ein, als Demetrias, eine junge Frau aus einer der reichsten Familien Roms, der Probi, sich entschloß, Nonne zu werden. Die Mutter und die Großmutter der Demetrias wollten diese Tat offenbar hinreichend gewürdigt wissen und wandten sich mit einer entsprechenden Bitte an Hieronymus und Pelagius, die ihr auch nachkamen. Pelagius schrieb einen Brief an Demetrias, in dem er ihren Entschluß unverkennbar mit seiner Lehre in Verbindung brachte: Wenn die Vollkommenheit dem Menschen möglich ist (und nach seinem Denken ist sie das), dann ist sie auch verpflichtend. Insofern hat Demetrias richtig gehandelt und seine Ansicht bestätigt. Der Brief des Pelagius erschien Augustinus jedoch als so gefährlich, daß er seinerseits an die Mutter der Demetrias schrieb, um sie zu warnen. Kaiser Honorius schickt Pelagius 417 in die Verbannung, in der er einige Jahre später stirbt. Im Jahr 418 weist eine afrikanische Generalsynode in Karthago die pelagianischen Lehren zurück. Doch der Streit ist damit noch nicht beigelegt. Augustinus setzt seine 412 begonnene schriftliche Auseinandersetzung mit pelagianischen Ansichten bis zu seinem Tod fort. Er verfaßte mehrere längere Briefe und insgesamt fünfzehn Traktate. Besonders intensiv gerät die lange literarische Kontroverse zwischen Augustinus und Julian von Eclanum, an den die beiden letzten und umfangreichsten Abhandlungen direkt gerichtet sind.

Aus heutiger Sicht mag es erstaunlich wirken, daß die Lehrmeinungen des Pelagius so heftige Konflikte erregen konnten, daß sein Versuch, einen christlichen Humanismus zu etablieren und ebenso wie die antike Philosophie die Gestaltungsfähigkeit des Menschen stärker zu betonen, auf so starke Ablehnung stoßen konnte. Doch der Pelagianismus enthielt in mehrfacher Hinsicht Sprengstoff für die katholische Kirche. Ein Grund lag in seiner sicherlich nicht in den Vordergrund gerückten, aber doch spürbaren Tendenz, die bestehende soziale Ordnung in Frage zu stellen. Pelagius prangerte den Reichtum an und forderte eine Umverteilung zugunsten der Armen. Hinzu kam ein zweites: Pelagius wollte eine sittliche Neugestaltung des privaten und öffentlichen Lebens, von der auch die Kirche nicht ausgenommen sein sollte. Augustinus hatte jedoch seit dem Donatistenstreit auf eine Kirche gesetzt, die sich im Notfall zweckorientierter und pragmatischer verhielt, als es mit den Forderungen des Pelagius vereinbar erschienen wäre. Und um das donatistische Schisma zu beseitigen, nahm Augustinus auch «die Unterstützung brutaler Militärs und korrupter Beamter»[135] und mitunter auch spendenfreudiger Großgrundbesitzer in Kauf. Augustinus tendierte dazu, den Status quo der spätantiken Gesellschaft zu akzeptieren, auch wenn natürlich alles, auch der Besitz materieller Güter, nicht als Eigenwert begriffen werden sollte, sondern als Mittel, um Gott gemäß zu leben. Doch wogen nach der Gnadenlehre augustinischer Prägung moralische Verfehlungen nicht weniger schwer, wenn letztlich nur die Gnade, niemals die ethische Qualität des Menschen seine Rettung garantieren konnte? Entließ Augustinus auf diese Weise den Menschen nicht aus seiner Verantwortung, die ihm Pelagius dagegen fordernd deutlich machte? Und war deshalb der moralische Rigorismus, mit dem Pelagius den Menschen maß, weil er glaubte, daß der Mensch an ihm selbst gemessen werden kann und muß, nicht viel weitreichender und unbequemer, wenn es um die Frage ging, wie die vertrauten kirchlichen Institutionen gestaltet und das menschliche Zusammenleben in ihnen organisiert werden sollten? Das Konzept eines christlichen Humanismus, das Pelagius verfocht und das den Wert des Menschen wieder stärker betonte, erwies seine beunruhigende und aufwühlende Kraft, wenn es an seine Verwirklichung ging und deutlich wurde, daß es an den

Augustinus gibt einem Armen. Skulptur von Mathieu de Wayere. 1538–1543, Leuven, St. Gertrudis

Menschen und nicht zuletzt auch an die kirchlichen Amtsträger selbst hohe Anforderungen stellte.

Offensichtlich fühlte sich die Kirche in ihren sich allmählich verfestigenden Strukturen bedroht. Ein zentrales Argument gegen Pelagius lautete denn auch, daß Pelagius nicht nur die Erlösungsfunktion Christi herabspiele, sondern auch die Funktion der Bischöfe. Wodurch sollten sich künftig die Bischöfe, der gesamte Klerus und die sich etablierende Amtskirche legitimieren, wenn der Mensch selbst für seine Vollkommenheit Sorge tragen kann? Die Gefahr, an Bedeutung zu verlieren, wurde sicherlich von vielen Mitgliedern der Kirche gesehen. Schließlich hatte Augustinus ja immer wieder betont, daß Lebensführung und Bildung für die Gnadenwahl unwirksam sind und dadurch die Kirche gegen «Zweifel im Namen der neutestamentlichen wie der philosophischen Ethik» immunisiert.[136]

Die Ansichten des Pelagius sind noch viel tiefer in antiken Traditionen verankert als die seines Gegenspielers. Und so zeigt sich auch in dem Sieg, den Augustinus über den Pelagianismus erringen konnte, wie mit ihm die Ablösung von der antiken Welt voranschritt und bereits wichtige Konstituenten des Mittelalters hervortreten.

Die neue christliche Sicht

Das christliche Interesse am eigenen Leben: Die «Bekenntnisse»

Die Gnadenlehre ist auch die Voraussetzung, um das vielleicht bekannteste Werk des Augustinus angemessen zu verstehen. Die *Bekenntnisse*, zwischen 397 und 401 entstanden, sind ganz aus dem Bewußtsein ihres Autors heraus geschrieben, daß sein Leben an sich völlig bedeutungslos ist und es seinen Wert allein Gott verdankt. Das lateinische Wort «confessio» bedeutet wörtlich übersetzt «Bekenntnis»; im spätantiken Sprachgebrauch kann es drei Arten von Bekenntnis bezeichnen: die Anklage der eigenen Person, im christlichen Kontext also ein Sündenbekenntnis, das Bekenntnis des eigenen Glaubens und schließlich das Bekenntnis, daß Gott über dem Menschen steht und seinem Leben Richtung geben kann. Als solches meint es geradezu Gotteslob.[137] Die ersten Sätze der *Bekenntnisse* lauten: *Groß bist du, Herr, und höchsten Lobes würdig. Groß ist deine Macht, und deine Weisheit hat keine Grenzen. Und dich will loben ein Mensch, irgend so ein Stück deiner Schöpfung, ein Mensch, der seine Sterblichkeit mit sich herumschleppt, das Zeugnis seiner Sünde und das Zeugnis, daß du den Überheblichen widerstehst. Und doch will er dich loben – ein Mensch, irgend so ein Stück deiner Schöpfung. Du treibst ihn an, daß er seine Freude daran finde, dich zu loben, denn auf dich hin hast du uns gemacht, und unruhig ist unser Herz, bis es ruht in dir.*[138]

Alle drei Verwendungen des Wortes «confessio» finden sich in dem Text, und es kann als sicher gelten, daß Augustinus mit diesem Titel eine bewußte Dreideutigkeit gewählt hat. Die große geistesgeschichtliche Bedeutung dieses Werks hat mehrere Gründe. In diesem Text spricht zum erstenmal ein Mensch von sich, der sich konsequent erniedrigt, indem er sich mit den Augen und dem Maßstab

Kontemplation des hl. Augustinus.
Gemälde von Bartolomé Esteban Murillo. 1664, Madrid, Prado

des richtenden Gottes zu betrachten versucht. Er verzichtet auf jede Selbstbehauptung und Selbstrechtfertigung, weil sich gerade in diesem Verzicht sein Glauben an Gott ausdrückt. Der Mensch distanziert sich von sich selbst. Mit Augustinus wird deshalb ein mentalitätsgeschichtlicher Umbruch deutlich: Ab jetzt war es möglich zu wissen, daß das Eingeständnis des Mangels und der eigenen Unzulänglichkeit einen höheren Wert haben kann als das ungebrochene Selbstgefühl.[139] Auch mit diesem neuen Ansatz eines christlichen Menschenbildes rückt Augustinus betont von der antiken Anthropologie ab.

Die *Bekenntnisse* des Augustinus sind aus diesem Grund ein ganz eigenes Werk der Antike, meistens jedoch sind sie als eine Beschreibung seines Lebens gelesen worden. Zwar lassen sich aus ihm tatsächlich viele Einzelheiten gewinnen über den äußeren Verlauf seines Lebens und auch über die inneren, seelischen Prozesse, die es begleiteten. Doch wird man Augustinus nicht gerecht, wenn man seine *Bekenntnisse* wie eine neuzeitliche Autobiographie liest, geschweige denn in ihnen Enthüllungen über sein angeblich so ausschweifendes Sexualleben sucht. Augustinus wollte nicht in erster Linie eine Darstellung des eigenen Lebens liefern. Eine psychologische Analyse seines Innenlebens war nicht sein Hauptanliegen, auch wenn man anmerken sollte, daß seine *Bekenntnisse* reichlich Material für eine psychohistorische Untersuchung bieten. Vor allem bei der Darstellung seiner Mutterbindung ist es nützlich, diese Dimension seines Textes heranzuziehen. Augustinus hat jedoch aus einem anderen Antrieb heraus dieses Buch verfaßt. Entscheidendes Motiv dürfte gewesen sein, daß er ein Thesen- und Erbauungsbuch verfassen wollte. Das zeigt sich schon im Aufbau des Werks: Nur die ersten neun Bücher sind der eigentlichen Lebensbeschreibung gewidmet; mit der Erzählung seiner Bekehrung bricht diese erzählerische Linie ab; Buch 10 zeigt eine Gewissenserforschung; die Bücher 11 bis 13 sind verschiedenen Themen gewidmet: Augustinus bietet eine Darstellung des menschlichen Gedächtnisses, reflektiert über das Phänomen Zeit und versucht eine Interpretation der «Genesis». Seine Überlegungen zum Gedächtnis und zur Zeit waren sehr folgenreich. Noch die Romanfigur Anselm Kristlein von Martin Walsers 1966 erschienenem Buch «Das Einhorn» setzt sich mit dieser Gedächtniskonzeption auseinander. Für Augustinus ist das Gedächtnis mehr als die Fähigkeit, Erinnerung wiederzugeben. Die Gedächtnisbilder erlangen ihre Bedeutung weniger durch die vermeintlich getreue Wiedergabe der äußeren Realität, sondern dadurch, daß sie die sinnlich erfahrbare, die emotionale und die geistige Welt mental verfügbar halten.[140] Indem die erinnerten Ereignisse ausschließlich der Innenwelt angehören, sind sie den Veränderungen, denen die Außenwelt fortwährend unterliegt, nicht mehr unterworfen. Ihnen kommt somit ein Rang zwischen den apriorischen Dingen und der sinnlich erfahrbaren Welt zu. Die Gedächtnislehre Augustins betont das Innere des Menschen als das Bessere und Entscheidende: Sie zielt darauf, daß sich der Mensch in seiner inneren Identität selbst erkennt, um schließlich zur Gotteserkenntnis vorzustoßen.

Die Zeitreflexion der *Bekenntnisse* geht konkret von der Frage aus, was Gott getan hat, bevor er die Welt geschaffen hat. Aus dieser Frage entwickelt Augustinus das Problem, ob die Zeit erst in der Erfahrung des Menschen geschaffen wurde oder ob sie unabhängig von ihm als objektive Gegebenheit existiert. Er plädiert dafür, daß die Zeit nirgendwo anders als in der Seele, und zwar in der Form von Erinnerung, aktueller Wahrnehmung und Antizipation besteht.[141]

In diesen lehrhaften Exkursen seines Werks wollte Augustinus offenbar zeigen, zu welchem Glauben und welcher Weltanschauung er während seiner biographischen Entwicklung durch die göttliche Gnade gefunden hat. Verklammert sind Anfang und Ende des Werks durch das Motiv der Bibellektüre: Während sie in den Büchern 1 bis 3 scheitert, weil Augustinus nicht aufnahmefähig für die Wahrheit ist, zeigen die Bücher 10 bis 13 die Freude an der Wahrheit, die nicht in der Philosophie, sondern nur in der Bibel auffindbar ist.

Formal sind die *Bekenntnisse* keineswegs homogen, sondern vereinigen in sich neben den erwähnten lehrhaften Passagen Berichte, mitunter dramaturgisch geschickt komponierte Erzählungen, Reflexionen, Betrachtungen, Ausrufe, rhetorische Fragen, Selbstanklagen und immer wieder Gebete, die für den Charakter dieses Textes entscheidend sind.

Wer die *Bekenntnisse* wie eine Autobiographie liest, irrt auch deswegen, weil er den Adressatenbezug dieses Textes übersieht. Augustinus schreibt in erster Linie für Gott, er ist der wichtigste Adressat, an den er sich wendet: *Laß mich dennoch reden, bei deiner Barmherzigkeit, mich Staub und Asche, laß mich dennoch reden, denn, sieh, es ist deine Barmherzigkeit, zu der ich spreche, nicht ein Mensch, der mich auslacht. Vielleicht lachst auch du mich aus, aber du wendest dich mir auch zu und erbarmst dich meiner. Denn was anderes will ich denn sagen, Herr, als daß ich nicht weiß, wie ich hierhergekommen bin, ich meine, in dieses tödliche Leben, in diesen lebendigen Tod.*[142] Aber auch für sein eigenes inneres Selbst, mit dem er Zwiesprache hält, schreibt Augustinus, und wohl erst in nachrangiger Absicht hat er andere Menschen als Leser im Blick, denen er sein Innenleben offenbaren möchte. Die *Bekenntnisse* haben deshalb nicht so sehr die Aufgabe, den Bildungsweg ihres Autors zu dokumentieren, sondern sie verfolgen ein größeres, diesem übergeordnetes Ziel: Sie sollen die Wahrheit und die Bedeutung der Gnadenlehre zeigen, mit deren Entfaltung Augustinus gerade in der Zeit begonnen hatte, als dieser Text entstand. An seinem eigenen Leben glaubte Augustinus exemplarisch anschaulich machen zu können, daß die göttliche Gnade – wenn sie eintreten soll – in jedem Fall die Oberhand behält, auch wenn die Widerstände des Menschen groß sind. Augustinus inszeniert sich als Saulus, dem es vergönnt war, ein Paulus zu werden. Und so betont Augustinus auch mit diesem Werk bei und trotz aller Selbsterniedrigung das große Gewicht, die hohe Autorität, die er für sich reklamiert. Wenn der Kleinste der Größte ist, wird gewissermaßen ein umgekehrter Wettbewerb initiiert, aus dem man gleichfalls als Ausgezeichneter hervorgehen kann.

Aus dieser Tendenz erklärt sich auch, daß sich Augustinus häufig mit unerbittlicher Strenge und in kaum nachvollziehbarer Radikalität selbst bezichtigt und verurteilt. Besonders befremdlich hat immer gewirkt, daß Augustinus unmißverständlich herausstellt, daß das Böse in ihm schon als Kind und selbst als Säugling wirksam war. Auch diese Bewertung ist nur vor dem Hintergrund der Gnaden- und Erbsündenlehre zu verstehen. Ein zentraler Eckpfeiler dieser Lehre war ja die Auffassung, daß auch Kinder nicht unschuldig sind, daß durch den Zeugungsakt die Erbsünde von ihren Eltern auf sie selbst übergegangen war und daß deshalb die Kindertaufe notwendig ist. Selbst im Leben kleiner Kinder gibt es nichts Harmloses. Allein deshalb ist Augustinus jede Regung eines Kindes Zeichen seiner bösen Anlage. Diese Bewertung kindlichen Verhaltens ist jedoch höchst anfechtbar. Sie unterstellt stets die denkbar schlimmsten Ursachen und Beweggründe, andere angemessenere und harmlosere Deutungen sind für Augustinus nicht denkbar. Da für ihn nach 396, also nach der Konzeption der Gnadenlehre, das Urteil über die Menschen lautete, daß sie böse von Anfang an sind, mußte er diese Spuren des Bösen auch in seiner eigenen Kindheit finden: *Und sieh, allmählich nahm ich wahr, wo ich mich befand, und wollte meine Wünsche den Menschen kundtun, die sie erfüllen sollten, aber ich konnte es nicht, denn die Wünsche waren innen, diese Menschen aber außen, und mit keiner ihrer Wahrnehmungen konnten sie in meine Seele eindringen. Daher strampelte ich und schrie. Das waren die Zeichen, die meinen Wünschen entsprachen. Wenige und ungenaue Zeichen waren es, die mir da zur Verfügung standen; sie entsprachen gar nicht der Wahrheit. Und wenn man mir dann nicht ge-*

horchte, weil man mich nicht verstanden hatte oder vor Schaden bewahren wollte, war ich empört über die Großen, die mir nicht untertänig waren, gegen freie Menschen, die mir nicht dienten. Ich rächte mich an ihnen durch Geheul. Kinder sind so.[143] Noch deutlicher drückt sich Augustinus wenig später aus: *Wer erinnert mich an die Sünde meiner frühesten Kindheit? Denn niemand ist vor dir frei von Sünde, nicht einmal das Neugeborene, das nur einen einzigen Tag auf dieser Erde lebt. Wer kann mich daran erinnern? Tut dies nicht jeder winzige Säugling, an dem ich das beobachte, an das ich mich an mir selbst nicht mehr erinnere? Welche Sünde also beging ich damals? Daß ich schreiend nach den Brüsten begehrte? Täte ich das heute, wäre ich gierig zwar nicht nach dem Gestilltwerden, sondern nach einer meinen Jahren angemessenen Speise, würde ich ausgelacht und mit vollem Recht getadelt. Ich tat also damals etwas Tadelnswertes […].*[144] – *Es widerstrebt mir, Herr, dieses Lebensalter, das durchlebt zu haben ich mich nicht erinnere, das ich aus den Aussagen Fremder und aus Beobachtungen an anderen Säuglingen erschlossen habe, zu meinem irdischen Leben zu zählen, so zuverlässig diese Annahmen auch sein mögen. Es liegt in der gleichen Finsternis des Vergessens wie mein Leben im Mutterschoß. Ich wurde in Bosheit empfangen, und meine*

Kinderspiele auf einer Wandmalerei in Herculaneum.
Neapel, Museo Nazionale

Mutter nährte mich in Sünden in ihrem Schoß.[145] Es sind im übrigen keine außergewöhnlichen, sondern die üblichen kindlichen Vergehen, die sich Augustinus vorwirft: kleine Diebstähle, Notlügen gegenüber den Eltern und Lehrern, die Tatsache, daß er lieber spielen als lernen wollte usw.[146] Ein Vergehen wird wie der biblische Sündenfall Adams stilisiert: *Ein Birnbaum stand in der Nähe unseres Weinbergs, voll von Früchten, die weder durch Aussehen noch Geschmack anzulocken vermochten. Bis tief in die Nacht hatten wir jungen Nichtsnutze nach übler Gewohnheit unser Spiel auf unseren Tummelplätzen ausgedehnt, machten uns nun daran, den Baum zu schütteln und zu plündern, und schleppten riesige Mengen von Früchten fort, nicht etwa, um sie selbst zu verspeisen, sondern um sie vielmehr den Schweinen vorzuwerfen; selbst wenn wir ein wenig davon aßen, dann doch nur aus Gefallen am Unerlaubten. […] Sieh, nun soll dieses mein Herz dir sagen, worauf es damals aus war, mir den Freibrief des Übeltäters zu erteilen, ohne daß es für meine Bosheit einen Grund gab, ausgenommen der Bosheit selbst. Sie war widerwärtig, ich aber liebte sie; ich liebte mein Verderben, liebte meinen Fehl, nicht etwa den Gegenstand meines Fehls, sondern meinen Fehl als solchen liebte ich.*[147]

Und auch die sexuelle Sphäre wird frühzeitig stigmatisiert, bezeichnenderweise vor allem durch die Mutter: *Als mich mein Vater im Bade in meiner aufkeimenden Mannbarkeit und energievollen Jugendkraft sah, entdeckte er es, als böte dies schon Grund genug, auf Enkel hoffen zu können, voll Freude meiner Mutter. […] Im Herzen meiner Mutter hattest du aber bereits den Bau deines Tempels begonnen und den Grundstein für deine heilige Behausung gelegt: Mein Vater war allerdings noch Katechumene, und zwar erst seit kurzem. Daher erzitterte meine Mutter sehr in frommer Angst und fürchtete für mich, ich könnte, wenngleich ich noch kein gläubiger Christ war, dennoch unheilvolle Wege beschreiten, auf denen die wandeln, die dir den Rücken und nicht ihr Gesicht zuwenden.*[148] Man stelle sich vor, Augustinus hätte eine Mutter gehabt, die ihm einen unbelasteten Umgang mit seiner Sexualität eröffnet hätte. Es ist Spekulation, gewiß, aber die Vorstellung, die Kirchengeschichte hätte auch dann denselben Gnadentheologen Augustinus gekannt, fällt schwer.

Die *Bekenntnisse* zeigen das durch das Christentum hervorgerufene neue Interesse am Innenleben des Menschen.[149] Zahlreiche christliche Autoren legten ihre Selbstbeobachtungen schriftlich nieder und begriffen ihre seelischen Vorgänge als Stationen auf dem Weg zum Heil. Die christliche Beschreibung des eigenen Selbst ist dabei von völlig anderer Qualität als die der antiken Philosophen. Autoren wie Cicero, Seneca oder Marc Aurel, deren philosophisches Werk gleichfalls von autobiographischen Ansätzen durchzogen ist, sahen ihr Innenleben immer in Beziehung zu der objektiv gegebenen Ordnung der sie umgebenden Welt. Ermöglicht wurde diese Auffassung dadurch, daß die antike Philosophie ein prinzipielles Analogieverhältnis zwischen der Ethik und den Naturgesetzen wirksam gesehen hat. Dagegen empfanden sich die Christen einem personalen Gott gegenübergestellt, und die göttlichen Offenbarungen erfolgten unmittelbar und unabhängig von der durch Wissenschaft erkennbaren Ordnung der Welt. Der christliche Versuch, das eigene Leben literarisch darzustellen, mußte deshalb eine andere Funktion bekommen. Für den antiken Philosophen war sein Seelenzustand mit denselben Kategorien erfaßbar, die auch für die Erkenntnis der Natur und der Welt im ganzen dienten.[150] Da jedoch dem Christen in seinem Innenleben Gott begegnet, der außerhalb des durch die erkennbare Natur konstituierten Bezugssystems steht, können seine inneren Erlebnisse nicht mit objektiv gegebenen Tatbeständen in Beziehung gebracht werden und sind deshalb nicht verallgemeinerbar.[151] Um trotzdem sein Innenleben darstellen zu können, muß der christliche Autobiograph nach neuen Ausdrucksmitteln suchen. Und Augustinus hat hier für lange Zeit vorbildliche und unerreichte sprachliche Möglichkeiten des Ausdrucks geschaffen. Seine Bilder und Analogien haben in der Folgezeit vielfach Nachahmer gefunden und einen Weg aufgezeigt, wie mit einer notwendigerweise indirekten Sprechweise ein Eindruck von der jeweils einmaligen Begegnung zwischen Gott und Mensch vermittelt werden kann. Darin liegt seine besondere Bedeutung.

Christliche Wissenschaft: Augustins Bibelauslegung

Seitdem Augustinus sich von den Manichäern abzukehren begann, betrieb er ausführliche Bibelstudien. Die Thesen der Manichäer, das Alte Testament sei das «Zeugnis eines unmoralischen Weltschöpfers»[152] und die Evangelien sowie die Apostelgeschichte seien

Fälschungen, forderten ihn dazu heraus, sich selbst Klarheit über die Bibel zu schaffen. Je mehr er sich von den Manichäern löste, um so klarer verfolgte er das Ziel, die Bibel gegen deren Vorwürfe zu verteidigen und die manichäische Bibelkritik im ganzen zu widerlegen. Die Bibelexegese, die Augustinus in seine *Bekenntnisse* einflicht, insbesondere die Auslegung der Genesis, ist vor diesem Hintergrund zu sehen. Es überrascht deshalb nicht, wenn sich auf jeder Seite der Werke Augustins, beinahe in jedem Satz, Anspielungen auf die Bibel, wörtliche Zitate und Referate biblischer Erzählungen finden. Häufig sind bei Augustinus Bibeltext und eigener Text wie in einem Flickenteppich untrennbar miteinander verwoben. Nach der Angabe eines fleißigen Philologen enthalten seine Werke über 13000 Zitate aus dem Alten Testament und beinahe 30000 aus dem Neuen Testament.[153] Besäßen wir den Text der Bibel nicht, ließen sich immerhin zwei Drittel aus Augustinus rekonstruieren. Die Bibel ist für ihn kein historischer Text, sondern sie ist göttlich inspiriert und stellt deshalb in ihrer vorliegenden Gestalt, Wort für Wort, die Offenbarung Gottes dar.

Wenn Augustinus aber der Bibel so große Bedeutung zuerkennt, mußte er auch der Frage, wie sie ausgelegt, mit welchen Hilfsmitteln sie verstanden werden soll und welche Kriterien für das richtige Verständnis angegeben werden können, besondere Aufmerksamkeit widmen. Auch diesen Fragen hat sich Augustinus immer wieder gestellt; einen besonderen Impuls gab ihm dabei die allegorische Bibelauslegung des Ambrosius[154], die ihn von früheren Schwierigkeiten mit der Bibel befreite. Diese Methode der Bibelauslegung geht auf die Lehre vom vierfachen Schriftsinn zurück, die Origines entwickelt hatte. Augustinus machte sie sich als besonders geeignetes und flexibles Mittel zur Bibelerklärung zu eigen.[155] Danach gibt es vier Bedeutungsstufen: die historische Sinnebene, die ätiologische (moralische), die Ebene der Analogie und schließlich als wichtigste und von Augustinus am häufigsten beanspruchte die allegorische. Alle diese Zugänge lassen sich eigens begründen: Die historische Ebene erfährt ihre Berechtigung daraus, daß auch die Bibel historische Kenntnisse vermittelt (Mt. 12,3 f.). Der zweite Verstehensansatz stützt sich auf Mt. 19,8, als Jesus selbst eine moralisch-psychologische Deutung für eine anstößige Schriftstelle gibt. Die dritte Bezugsebene kann sich vor allem auf Analogien zwischen Altem und Neuem Testament stützen. Und schließlich ist die vierte, allegorische, Deutung dadurch legitimiert, daß es allein durch sie möglich wird, den hintergründigen Sinn einer dunklen Schriftstelle zu ermitteln. Die allegorische Schriftauslegung konnte sich zudem auf 2 Kor. 3,6 («Der Buchstabe tötet, der Geist macht lebendig») berufen. So sind für Augustinus die sechs Wasserkrüge der Hochzeit zu Kana die sechs Weltalter, so stehen die fünf Brote des Speisungswunders für die fünf Bücher Mose. Doch diese Methode dient nicht nur dazu, einen nicht anders zu ermittelnden Sinn zu finden, sondern sie ist auch der Kunstgriff, sonst nicht überwindbare Anstöße zu beseitigen. Und mit dem Grundsatz, daß alles, was in einem Text stört, bildlich gemeint sein muß, lieferte diese Methode ein sehr verfügbares Auslegungsmittel.

Bei der Auslegung sollen nach Augustinus verschiedene Prinzipien gelten. Die Interpretation einer Bibelstelle darf zunächst nicht der Vernunft widersprechen und soll allgemein nachvollziehbar sein. Sie muß ferner im Einklang mit der Glaubenslehre stehen, und sie muß schließlich die Gottes- und Nächstenliebe vertiefen. Daraus ergibt sich ein markanter Lehrsatz, den Augustinus dem Exegeten an die Hand gibt: *Was immer in der göttlichen Lehre der Bibel weder auf die Würde der Sitten noch auf die Wahrheit des Glaubens bezogen werden kann, sollst du für bloß bildlich gemeint halten.*[156] Und mit dieser Prämisse eröffnet Augustinus der allegorischen Auslegung breite Anwendungsmöglichkeiten. Im übrigen entbehrt auch die Tatsache, daß die Bibel mitunter dunkle, schwer verständliche Stellen enthält, nicht eines Zwecks: Gott habe sich manchmal mit Absicht nicht einfacher ausgedrückt, um den menschlichen Hochmut an der Bibel scheitern zu lassen[157], oder weil der Mensch seine geistigen Kräfte erproben solle.[158] Indem der allegorisierende Exeget Augustinus jedoch häufig auch dort einen versteckten Sinn suchte, wo aufgrund der Historizität der Bibel oder der Differenz zwischen der biblischen Sprach- und Kulturwelt und seiner eigenen keiner sein konnte, führte seine Auslegungsweise auch zu vielen Mißverständnissen.

Nicht immer sind deshalb die Ergebnisse seiner Deutungsbemühungen überzeugend. Er sieht zwar das Problem, daß die Auslegung oft als interpretatorische Beliebigkeit erscheinen kann[159], doch wehrt er sich heftig gegen die Meinung, die Bibel dürfe beliebig ausgelegt werden. Hieronymus war dieser Ansicht sehr nahe gekommen und hatte es im Prinzip jedem Bibelleser freigestellt, seine subjektive Meinung zu behalten, wenn bestimmte Auslegungsdifferenzen nicht allgemein beigelegt werden können.[160] Augustinus versucht jedoch, mögliche Verstehensschwierigkeiten durch die

Begründung eines methodisch abgesicherten Verständnisses zu lösen. Eine charismatische Bibelinterpretation, die der persönlichen Ausstrahlung eines Auslegers entscheidendes Gewicht zukommen läßt, will er unter allen Umständen vermeiden.[161]

Diesem Ziel, ein möglichst objektiv begründetes Verständnis der Bibel herzustellen und wirkungsvoll zu verbreiten, dient seine Schrift *Über die christliche Lehre (De doctrina Christiana)*. Die ersten drei Bücher sind im Jahr 397, das wichtige vierte Buch ist jedoch erst 427 entstanden. Dieses Werk stellt sich einem Problem, mit dem sich das frühe Christentum immer wieder konfrontiert sah und das bislang noch keiner Lösung zugänglich gewesen war: der Tatsache, daß die nach wie vor gültigen Bildungstraditionen mit antikem und damit heidnischem Denken verknüpft waren, da noch keine Konzeption spezifisch christlicher Bildung existierte. Augustinus integriert mit diesem Werk das klassische Bildungssystem inklusive der Rhetorik in die christliche Ausbildung und eröffnet ihm auf diese Weise ein – wenn auch stark modifiziertes – Überleben in der christlichen Tradition. Zwei Motive sind für Augustinus vor allem entscheidend gewesen: Die Kenntnis der antiken Bildungsgüter ist für das Verständnis der Bibel unabdingbar, und zweitens ist die Kirche, die sich ja zahlreichen Auseinandersetzungen und Anfechtungen durch Heiden, Juden und Häretikern ausgesetzt sah, auf erprobte Mittel der sprachlichen Auseinandersetzung angewiesen: Warum sollten die Diener der Wahrheit, so fragt Augustinus, mit schlechteren Waffen kämpfen als die Heiden?[162] Doch zeigt sich besonders an der Adaptation der Rhetorik sehr deutlich, daß Augustinus die antike Bildung nur unter Vorbehalt übernahm und stets bemüht blieb, sie jeweils dem christlichen Wertesystem einzupassen. Die Rhetorik galt ihm zwar als nützlich, doch keineswegs als unentbehrlich[163]: Der christliche Redner darf sich nicht mehr wie der antike aus der gesamten Literatur seine Anregungen holen, sondern am besten nur aus der Bibel und den Schriften der Kirchenväter. Rhetorik darf nur ein Mittel, nicht – wie in der Antike – das Endziel der Ausbildung sein, das alle Bildungsmöglichkeiten zusammenfaßt. Keinesfalls sollte die Rhetorik den Status einer Leitwissenschaft einnehmen, die alle anderen Bildungstendenzen in sich vereinigt. In der Antike konnte sie – neben der Philosophie – diesen Rang für sich reklamieren. Die wichtigste Aufgabe des christlichen Redners ist es, die Seelen für Gott zu gewinnen, und damit umfaßt sie mehr als ein erlernbares technisches Können: Der Redner muß auch durch sein beispielgebendes Leben überzeugen können.[164] Letztlich bewirkt ein christlicher Redner durch die stumme Beredsamkeit seines Vorbilds mehr als durch bloße Worte.[165] Das Verständnis der Bibel und der religiösen Inhalte ist für Augustinus das Entscheidende, auf das alle Bildung hinzielen muß, die rednerische Vermittlung tritt demgegenüber zurück. Es geht nach Augustinus darum, die Wahrheit in den Wörtern zu lieben, nicht die Wörter um ihrer selbst willen.[166] Damit unterscheidet sich Augustinus grundlegend von den antiken Redneridealen. Für die Sophisten war die Fertigkeit im Reden der Inbegriff menschlichen Könnens überhaupt: Die von Gorgias von Leontinoi prägnant vertretene Auffassung, daß nicht Tatsachen entscheidend sind, sondern die Worte über die Tatsachen, steht am Beginn der wissenschaftlichen Rhetoriktradition. Und auch von der Rhetorikkonzeption Ciceros, bei dem der Redner sich durch seinen ethischen Rang und durch umfassende kulturelle Bildung gewissermaßen selbst veredelt (eine Konzeption, die den europäischen Humanismus tief beeinflußt hat), ist Augustinus weit entfernt. Wie auch immer in den antiken Rhetorikmodellen die Gewichte verteilt waren, aus der Fähigkeit, durch die Rede Überzeugung herzustellen und eigenen Einfluß zu erlangen, leiteten antike Rede- und Sprachauffassungen das Selbstbewußtsein des Menschen ab. Dagegen setzt Augustinus betont die Geringwertigkeit des Menschen, die Einsicht, ein niedriges Werkzeug Gottes zu sein.

Die Schrift *Über die christliche Lehre* bietet also im Ansatz eine christliche Bildungslehre, die jedoch die Fülle der antiken Bildung auf einen einzigen Zweck reduziert: das Verständnis der Bibel und ihre Verbreitung.

Auch dieses Werk steht in einem Zusammenhang mit der Gnadenlehre. Da die Gnadenlehre darauf hinauslief, daß es vor Gott für einen Menschen gleichgültig ist, welchen sittlichen oder intellektuellen Wert er erlangt hat, da nur die Gnade Gottes für ihn entscheidend ist, überrascht die Tendenz dieser Schrift zunächst etwas. Von der Gnadenlehre her gedacht hätte eine vollständige Geringschätzung der wissenschaftlichen Studien nahegelegen. Offensichtlich ging es Augustinus jedoch darum, mit diesem Werk die kulturpessimistischen Konsequenzen seiner Gnadenlehre auszugleichen. Eine gewisse Bildung wollte er durchaus billigen, allerdings unter dem rigoros angewandten Kriterium, ob die antike Bildung, die sieben freien Künste, dem Verständnis der Bibel nützen kann. Und bei dieser Sichtung zeigte sich für Augustinus, daß dies nur bedingt der

Fall ist. Die Bedeutung der wissenschaftlichen Bildung wird für Augustinus zusätzlich dadurch eingeschränkt, daß nur wenige Menschen die Fähigkeit zu einem kontemplativen Leben besitzen. Für die meisten (Kleriker wie Laien) ist deshalb nach seiner Vorstellung das Bibelstudium die einzige legitime geistige Beschäftigung.[167] Augustinus hatte ja bereits früher seinen in Cassiciacum gefaßten Plan aufgegeben, eine christliche Enzyklopädie nach dem Vorbild der antiken sieben freien Künste zu verfassen. Das Konzept eines christlichen Humanismus hat seiner eigenen Entwicklung nicht standgehalten. Und mit dem Werk *Über die christliche Lehre* hat er eine umfassende Kritik der antiken Bildungskonzeption vollzogen und ein in der Geistesgeschichte erstmals streng auf theologische Belange zugeschnittenes System der Wissenschaften entwickelt.

Sprachphilosophie

In diesem Zusammenhang verdienen die Beschäftigung Augustins mit dem Phänomen Sprache und seine sprachphilosophischen Reflexionen eine eigene Erwähnung. Seine Ausbildung und vor allem seine Tätigkeit als Rhetor haben ihm schon früh eine Sensibilität für Sprache vermittelt. Das antike Sprachdenken, nach dem die Herstellung von Überzeugung und die Vermittlung von Wissen auf der kunstvoll gehandhabten Sprache beruht, muß für den jungen Rhetoriklehrer unbezweifelte Gültigkeit gehabt haben. Die Bildung, die Augustinus zuteil wurde, ging selbstverständlich davon aus, daß die klassische Literatur der Schlüssel zum Verständnis der Welt ist und – mehr noch – daß die Schönheit ihrer Sprache zugleich ihre Wahrheit verbürgt. In dem Maße, in dem sich Augustinus jedoch von der antiken Bildungskonzeption entfernte, mußte ihm auch die ihr zugrundeliegende Sprachidee fragwürdig werden. Er entwickelt ein Bewußtsein für das Problem der Sprache, und er sieht dieses im Verhältnis von Sprache und Wahrheit begründet. In seinem sprachtheoretischen Denken legt er dabei eine neuartige Auffassung von den Zeichen zugrunde: Während die platonische Philosophie von natürlichen Zeichen ausging, glaubt Augustinus an gegebene Zeichen. Er folgert daraus, daß Erkenntnis nicht selbständig erworben werden könne, sondern von Gott gegeben sein müsse. Besonders in der Schrift *Über den Lehrer* (*De magistro*) aus dem Jahr 389 beschäftigt sich Augustinus mit diesem Problem. Dieses Werk ist in der Form des platonischen Dialogs geschrieben, und Augustinus versucht in ihm, seinen Dialogpartner, seinen Sohn Adeodatus, von seiner falschen Meinung, die sich mit der damals gängigen Schulmeinung deckt, zu befreien.

Als Funktionen der Sprache kennt der Dialog *Über den Lehrer* lediglich Lehren oder Lernen [168], das Beten ist nur scheinbar ein Sonderfall: Nicht Gott soll in ihm belehrt werden, sondern der Mensch sich selber erinnern oder andere belehren.[169] Der Wert der Sprache ist für Augustinus entscheidend durch die folgende Überlegung eingeschränkt: Indem Wörter Zeichen sind und Zeichen Sachen vertreten, muß man die Sache bereits kennen, um das Wort-Zeichen verstehen zu können. Augustinus bestreitet (wohl in Anlehnung an die skeptische Philosophie) deshalb die Möglichkeit, durch Zeichen etwas zu lernen: *Bei einer sorgfältigeren Betrachtung wirst du vielleicht gar nichts mehr finden, was man durch die entsprechenden Zeichen lernen könnte. Sooft mir nämlich ein Zeichen gegeben wird, kann mich*

Wandmalerei in der Katakombe an der Via Latina, zwischen 320 und 350. Dargestellt ist eine Lehrszene (vermutlich eine anatomische Demonstration), bei der je drei Männer zu seiten eines Lehrenden sitzen. Das Bild belegt, wie die Darstellung der christlichen Unterweisung in enger Anlehnung an antike Lehrszenen erfolgte.

dasselbe nichts lehren, wenn es zu mir gelangt und ich nicht weiß, auf welche Sache es sich bezieht; weiß ich das jedoch, was lerne ich dann durch das Zeichen? [170] Hört man, so Augustinus weiter, ein Wort zum ersten Mal, ist es zunächst nur ein Klang; *daß es jedoch ein Zeichen ist, habe ich in dem Augenblick gelernt, als ich ermittelte, für welches Ding es ein Zeichen ist. Dieses Ding aber hatte ich, wie gesagt, nicht durch Bezeichnung, sondern durch eigenen Anblick kennengelernt. Man kann daher eher ein Zeichen lernen, wenn das betreffende Ding bekannt ist, als das Ding selbst durch Zeichengebung.* [171] Augustinus zieht deshalb die Schlußfolgerung: *Durch Wörter lernt man also nur Wörter.* [172] Er setzt dadurch die Bedeutung eines Wortes mit der Erkenntnis einer Sache gleich und stellt das Problem, wie Lernen vollzogen wird, auf eine neue Grundlage, die jedoch auch neue Schwierigkeiten bietet. Wenn ursprüngliche Erkenntnis durch Wörter allein nicht zu erwerben ist, könnte ein Ausweg darin bestehen, unmittelbar auf die Ebene der Sachen zu rekurrieren, um Erkenntnis zu gewinnen. Wie aber könnte gelehrt und gelernt werden, indem man jeweils direkt auf Sachen verweist? Von der geringen Praktikabilität abgesehen, zeigt sich im Dialog schon bei einem einfachen Begriff wie dem des Spazierengehens die Schwierigkeit, daß der Schüler den Begriff jeweils individuell versteht und nicht in der Lage ist, den Begriffsinhalt auf seinen vollen Gehalt hin zu verallgemeinern. Gegen jeden Optimismus der Empiriker stellt Augustinus heraus, daß der Verweis auf sinnliche Gegenstände allenfalls zu einer bewußtlosen Erfahrung wie der der Tiere führt.

Wie etwas als wahr gelehrt und gelernt werden kann, scheint unbegreiflich bleiben zu müssen. Dennoch sind Wörter nicht wertlos, sondern für die Menschen – die ja immer die begrenzten und fehlerhaften Menschen sind – unabdingbar, um der Wahrheit überhaupt näherkommen zu können. Sie leisten in jedem Fall zweierlei: Sie erinnern an Bekanntes, schon Gewußtes, und sie haben noch eine über sich selbst hinausweisende Kraft, einen Aufforderungscharakter, der die Hörer anspornt, über etwas weiter nachzudenken: *Im Augenblick der Bekanntschaft mit dem Ding selbst habe ich nämlich nicht Fremdwörtern vertraut, sondern meinen Augen; den Wörtern habe ich aber vielleicht vertraut, um aufzumerken, das heißt um mit meinem Blick das zu suchen, was ich sehen wollte. Soweit waren die Wörter von Wichtigkeit; um ihnen das Höchstmaß an Wert beizumessen: sie mahnen lediglich, daß man die Dinge sucht, doch bieten sie sie nicht dar, daß man sie kennt. Derjenige aber lehrt mich etwas, der meinen Augen oder irgendeinem anderen Sinn meines Körpers oder sogar dem Geiste selbst die Dinge darbietet, die ich erkennen will.*[173]

Um jedoch eine tragfähigere Erklärung vom Lernen und Lehren bieten zu können, entwickelt Augustinus eine Theorie vom inneren Wort und vom inneren Lehrer, die im Gegensatz zu ihren äußeren Pendants stehen: *Über alle erkennbaren Dinge aber fragen wir nicht einen Menschen, der spricht und dessen Stimme von außen an uns herankommt, sondern die in unserem Inneren sich befindende Wahrheit, die über den Geist selbst waltet, wobei Wörter uns vielleicht anregen, dieselbe zu befragen. Es lehrt uns aber derjenige, den wir befragen, von dem gesagt ist, daß er im inwendigen Menschen wohnt, Christus, das heißt, die unveränderliche und ewige Weisheit Gottes. Diese Weisheit befragt eine jede vernunftbegabte Seele, doch einer jeden wird nur soviel geoffenbart, wie sie auf Grund ihres eigenen bösen beziehungsweise guten Willens zu fassen vermag.*[174] Während die gesprochenen und geschriebenen Wörter kein eigentliches Lernen ermöglichen, gibt es ein eigentliches und inneres Wort, das Lernen im ursprünglichen Sinn zuläßt. Das eine innere Wort der Sache steht im Gegensatz zu den vielen möglichen äußeren Wörtern für dieselbe Sache; es ist nicht sinnlich erfahrbar und überwindet den Zeichencharakter des äußeren Wortes. Allein durch dieses innere Wort und den inneren Lehrer Christus kommt der Mensch zur Wahrheit. Durch menschliches Reden und durch eigene Erfahrung kann der Mensch nach Augustinus im Grunde nichts erfahren. Durch den inneren Lehrer können die sinnlichen und geistigen Inhalte vermittelt werden, auf die menschliche Lehrer durch die Zeichen, die ihnen allein zu Gebote stehen, allenfalls aufmerksam machen können. Diese Lehre hat Augustinus später in seinem großen theologischen Werk über die Trinität (vor allem in den Büchern 9 und 15) weiter ausgebaut. Wichtig in diesem Zusammenhang ist auch die Erklärung Augustins aus den *Bekenntnissen*, wie er sprechen gelernt hat: *Denn nicht die Erwachsenen lehrten es mich, indem sie mir die Wörter in einer bestimmten didaktischen Abfolge vorgelegt hätten, wie sie es später mit den Buchstaben taten, sondern ich selbst mit dem Geist, den du mir, mein Gott, gegeben hast.*[175]

Durch seine Verbindung zum Motiv des «inneren Lehrers» und des «inneren Wortes» erweist sich der augustinische Ansatz als innovativ. Bei Augustinus wird zum erstenmal dem Umstand Rechnung getragen, daß ein Zeichen seine Funktion als Zeichen nicht

Lehrender Christus mit Kodex.
Tafel eines Elfenbeindiptychons.
Konstantinopel, Mitte des 6. Jahrhunderts.
Staatliche Museen zu Berlin – Preußischer Kulturbesitz, Museum für Spätantike und Byzantinische Kunst

schlechthin ausübt, sondern immer in bezug auf einen bestimmten Beobachter. Dadurch entdeckt er das semiologische Dreieck zwischen Zeichen, Bezeichnetem und zeichenverstehendem Beobachter und führt das Kommunikationsmodell des Aristoteles fort, das bereits die Unterscheidung in Sprecher, Hörer und Gegenstand kannte.[176] Augustinus wird dadurch zu einem wichtigen Anreger für weitere sprachtheoretische und -philosophische Reflexionen. Dies muß herausgestellt werden, auch wenn das Zutrauen, das Augustinus der Sprache entgegenbringt, eher gering ist und er eine erkenntnisstiftende Kraft der Sprache nicht anerkennt. Bei Augustinus gibt es deshalb eine Tendenz, die Ohnmacht der menschlichen Sprache zu betonen und sie als indirekten Beweis für die Herrlichkeit des göttlichen Wortes zu präsentieren. Denn für Augustinus spricht auch die sichtbare Welt – eine Auffassung, die für die mittelalterliche Hermeneutik sehr bedeutsam geworden ist: Die Schöpfung ist ein auf Gott hinweisendes Zeichensystem, das verläßlicher und bedeutungsvoller ist als das der Sprache.[177] Auch in seiner Sprachauffassung hat sich Augustinus von antiken Denkweisen entfernt. Vor allem in der griechischen Sophistik war die Auffassung mit Nachdruck vertreten worden, daß das menschliche Können in der Sprache seine Vollendung erfahren habe und sich jede weitere kulturelle und zivilisatorische Leistung aus dem menschlichen Sprachvermögen herleite. Bei Augustinus ist ein anderes Denkmodell spürbar: Die mythologische Erzählung vom Turmbau zu Babel, nach der die Menschheit mit Vielsprachigkeit, also mit einem unzulänglichen Mitteilungsmittel, für ihre Hybris bestraft wurde. Augustinus spitzt diese Ansicht gelegentlich so stark zu, daß er behauptet, die Sprache sei Folge der Sünde.[178]

Geschichtsdeutung: Der «Gottesstaat»

Bis in die Zeit des Augustinus war es Ansicht jedes Gebildeten, daß die Geschichte der Menschheit im römischen Reich ihre Vollendung erreicht hatte. Die Idee des Reichs hatte in der Stadt Rom ihre sinnfälligste symbolische Verkörperung gefunden: Rom war mehr als das politische Zentrum des bislang größten Staatswesens, mit dem Namen dieser Stadt verband sich eine reiche Geschichte, eine politische Expansion von bisher unbekanntem Ausmaß, eine kulturelle Blüte und eine Literatur, deren wichtigste Repräsentanten in Prosa und Dichtung als vorbildlich und klassisch galten. Häufig mischten sich in die Bewunderung für die Stadt Rom sogar religiöse Assoziationen, die Verehrung der Stadtgöttin Roma war fest etabliert. Die Rom-Idee ist in der lateinischen Literatur (vor allem in klassischer Zeit bei Vergil, Horaz und Livius) tief verwurzelt und findet auch in der Spätantike immer wieder ihren Niederschlag. Bei Lactanz, dem «christlichen Cicero», etwa heißt es, Rom sei das Zentrum der Welt, und wenn diese Stadt falle, komme das Endgericht.[179] Ähnliche Äußerungen zur Rom-Idee finden sich bei Ammianus Marcellinus, Rutilius Namatianus, Apollinaris Sidonius und vielen weiteren Autoren der Spätantike.

Das römische Reich der Spätantike war indes kein in sich ruhendes und gesichertes Staatsgebilde. Innere Unruhen hatten ebenso eine destabilisierende Wirkung wie zunehmender Druck auf die Reichsgrenzen, vor allem durch die Alamannen und die Goten.

Nicht erst für die Zeitgenossen Augustins war deshalb das Gefühl bestimmend, für Rom sei mit Gefahr zu rechnen. Und doch bedeutete es eine Erschütterung größten Ausmaßes, als die Goten unter Führung Alarichs Rom im Jahr 410 belagerten, in die Stadt eindringen und dort drei Tage, vom 24. bis zum 27. August, plündern konnten. Alarich mußte zwar wegen Versorgungsschwierigkeiten wieder abziehen, verließ Rom aber mit großer Beute und mit zahlreichen vornehmen Gefangenen. Äußerlich erholte sich Rom schnell von dieser Niederlage, doch es hatte seinen Glanz, seinen Nimbus der Unbesiegbarkeit eingebüßt. Der Fall Roms war eine Mahnung, daß alles Irdische, selbst das Höchste, untergehen kann. Hieronymus[180] fragte angstvoll: «Wenn Rom untergeht, was mag dann sicher sein?» In der tiefen Beunruhigung wucherten die Deutungen. Zwar galt der christliche Glaube seit Konstantin als Staatsreligion, doch viele hingen noch den alten Göttern an. Sie behaupteten, der Abfall von den früheren Staatsgöttern habe zu dieser Katastrophe geführt. Der griechische Rhetor Libanios etwa äußerte

Diese Kampfszene, die Josuas Heer vor den Mauern von Jericho zeigt, könnte einen Reflex auf die Einnahme Roms durch den Goten Alarich im Jahr 410 darstellen. Mosaik, um 430. Rom, Santa Maria Maggiore

sich in dieser Weise. Doch auch die Deutungen vieler Christen zollten dem alten Glauben an Rom noch latent Rechnung. Auch für sie war Rom gleichermaßen politisches und religiöses Zentrum, Christentum und Identifikation mit der Hauptstadt des römischen Reichs überlagerte sich bei ihnen. Die Einnahme dieser Stadt mußte auf sie wie ein Zeichen für den Beginn der Endzeit mit all ihren Schrecknissen wirken. Die strikt christliche Interpretation jedenfalls sah die Ursache für die Einnahme Roms in der mangelnden Erfüllung der christlichen Lehre. Gleich welcher Glaubensrichtung sie angehörten, die Menschen waren von diesem Ereignis tief erschüttert und beunruhigt.

Selbstverständlich hat sich auch Augustinus damit auseinandergesetzt; durch seine zahlreichen zum Fall Roms verfaßten Schriften ist er derjenige Zeitzeuge, dessen Reaktionen am detailliertesten und umfassendsten bekannt sind. In mehreren Predigten (81, 105, 296, 345), einer eigenen Schrift (*Über die Einnahme der Stadt/De urbis excidio*) und schließlich in dem großen Werk über den *Gottesstaat* hat er eine Bewertung dieses Ereignisses versucht.

Für Augustinus ergibt sich aus der Eroberung Roms vor allem eine Folgerung für christliches Verhalten: Der Christ soll sich in Demut und Gebet üben. In einem Brief rät er einem Victorianus: *Lies dies getreulich, predige es getreulich, hüte dich nach Kräften und lehre, daß man sich hüten müsse, gegen Gott bei diesen Versuchungen und Trübsalen zu murren. Du sagst, daß gute, getreue und heilige Gottesdiener durch das Schwert der Barbaren getötet worden seien. Was aber macht es für einen Unterschied, ob ein Fieber oder ob das Schwert sie vom Leben geschieden hat? Gott sieht nicht darauf, bei welcher Gelegenheit, sondern in welchem Zustande seine Diener aus dem Leben scheiden; nur ist die Buße einer langen Krankheit größer als die eines ganz schnellen Todes.*[181] Gott habe die Eroberung Roms gewollt, deshalb müsse sie ertragen werden.[182] Und schließlich ist es die eigene Schlechtigkeit, die den Menschen in dieser Katastrophe widerfährt: *Deswegen sagen wir, Brüder, betet, soviel ihr könnt. Die Übel sind im Überfluß, und Gott hat es so gewollt. Gäbe es doch keine schlechten Menschen im Überfluß, dann wären auch die Übel nicht im Überfluß. Schlechte Zeiten, mühselige Zeiten – das sagen alle Menschen. Mögen wir gut leben, dann sind auch die Zeiten gut. Wir sind die Zeiten: wie wir sind, so sind die Zeiten. […] Die Übel sind im Überfluß in der Welt, damit die Welt nicht geliebt werde. […] Denn was ist die schlechte Welt? Denn nicht schlecht ist der Himmel, die Erde, das Wasser und was in*

Allegorische Darstellung
der Hauptstadt Rom:
Die allegorische Gestalt Roma
legt dem Konsul die Hand
auf die Schulter.
Flügel des Elfenbeindiptychons
des Konsuls Basilius,
6. Jahrhundert

ihnen lebt, die Fische, die Vögel und die Bäume. All das ist gut: aber die schlechten Menschen machen die Welt schlecht. Aber weil wir ohne schlechte Menschen nicht leben können, solange wir leben, sollen wir, wie ich gesagt habe, zu Gott seufzen.[183]

Die Eroberung Roms wird von Augustinus fast ausschließlich theologisch bewertet, andere Aspekte nimmt er nicht wahr. Augustinus trauert nicht um Rom, die Frage nach der Zukunft des Imperiums bewegt ihn nicht sonderlich, er teilt jedoch auch nicht die apokalyptischen Untergangsvisionen. Letztlich ist für ihn der Wandel in der politischen Welt, für den die Einnahme Roms ein Symptom ist, uninteressant. Die im Fall Roms offenbar gewordene Ohnmacht sieht er nicht in Kontrast zu der Machtfülle, die diese Stadt früher ausgezeichnet hat, sondern stellt dieses Ereignis in einen weit größeren Geschehenszusammenhang. Im Grund steht es für Augustinus in der Nachfolge des Sündenfalls: Deswegen müsse ohnehin in dieser Welt Leid ertragen und alle Hoffnung auf das jenseitige Leben gerichtet werden. Mit dieser Deutung stimmt die von Augustinus wiederholt geäußerte Ansicht gut überein, im

Greisenalter der Welt zu leben. Daß sich die Katastrophen nun häufen, konnte ihn nicht erstaunen, sondern entsprach den göttlichen Ankündigungen.[184] Wie subjektiv diese Auffassung letztlich sein muß, wird schon daraus ersichtlich, daß das Alter, das Augustinus der Welt unterstellte, seinem eigenen Lebensalter einigermaßen entspricht.

Die ausführlichste und theologisch fundierteste Auseinandersetzung mit der Eroberung Roms vollzieht sich im *Gottesstaat*. Dieses 22 Bücher umfassende Werk wendet sich gegen den Rom-Glauben der heidnischen Autoren wie der christlichen Gläubigen. An beide Parteien richtet Augustinus seine immer wieder neu formulierte Mahnung: Wer an Rom glaubt und den Niedergang dieser Stadt mit dem der Welt gleichsetzt, steht gegen Gott. Demgegenüber möchte Augustinus deutlich machen, daß sich die christliche Hoffnung niemals an politische Institutionen binden läßt, daß das Christentum von der Existenz eines konkreten Staats unabhängig ist. Zunächst argumentiert Augustinus im *Gottesstaat* gegen die Einschätzung der Heiden: Rom ist keinesfalls unsterblich, und für die Eroberung durch Alarich kann die Vernachlässigung der alten Götter nicht die Ursache gewesen sein, schließlich hat es ja auch schon vor dem Christentum Niederlagen für Rom gegeben. Und stammten die Götter Roms nicht nach dem eigenen Gründungsmythos aus dem zerstörten Troja, dem antiken Sinnbild einer verlorenen Herrschaft? Ferner zeigt Augustinus detailliert Verfallssymptome auf, die bereits in der Frühzeit Roms erkennbar waren. Da es die Römer zu keiner Zeit ihrer Geschichte vermocht haben, ihrem eigenen moralischen Niedergang entgegenzuwirken, im Gegenteil ihm immer mehr Vorschub geleistet haben, sind es letztlich die eigenen Fehler, die zu dieser Katastrophe geführt haben. *Man sieht hieraus [...], in welchen Pfuhl schlimmster Sittenlosigkeit jener Staat schon vor der Ankunft unseres himmlischen Königs hineingeraten war. Denn das hat sich zugetragen, nicht nur ehe der im Fleisch erschienene Heiland zu lehren begann, sondern auch ehe er noch von der Jungfrau geboren war. Wenn sie demnach so viele und schwere Übelstände jener Zeiten, wie sie früher noch erträglicher waren, aber nach Karthagos Fall ganz unerträglich und schrecklich wurden, nicht ihren Göttern anrechnen wollen, die voll boshafter Arglist in die Seelen der Menschen Wahnvorstellungen säten, aus denen solche Laster emporwuchern mußten, warum legen sie dann die gegenwärtigen Übel Christus zur Last?*[185] Er lehnt sich in dieser Deutung eng an den römischen Historiker

Sallust an, der in seinen Werken ebenfalls scharfe Kritik an Rom geübt hatte. Noch zugespitzter als bei Sallust ist für Augustinus die römische Geschichte Verfallsgeschichte, auch die «guten» Zeiten Roms, an die Sallust noch geglaubt hatte, machen keine Ausnahme: Moralische Schwäche habe bei den Römern von Anfang an dominiert. Das Bild, das Augustinus von Rom entwirft, ist im übrigen nur bedingt mit der geschichtlichen Wirklichkeit vereinbar. Einerseits ist es durch seine eindimensionale Perspektive verzerrt, andererseits ist es ein aus Vergil, Cicero und Varro gewonnenes Konstrukt. Roms Größe ist von Anfang an nur Scheingröße, so lautet zusammengefaßt das aus christlicher Sicht formulierte Urteil Augustins; politische Gesichtspunkte oder allgemein moralische Aspekte spielen für Augustinus hierbei keine Rolle. Punkt für Punkt unterwirft er drei große Bereiche seiner Kritik: den römischen Götterglauben, das Tugendideal der Römer und ihr geschichtliches Handeln. Überall sieht Augustinus moralische Unzulänglichkeit, fehlende Werte und keine echte Größe. Werden Römer gelobt, ist der einschränkende Vorwurf nicht fern: Sie seien eben lobgierig gewesen und handelten aus falschen Motiven heraus. Häufig wendet Augustinus auch einen rhetorischen Kniff an, um die Höherwertigkeit der christlichen Lebensweise zu betonen: Wenn schon dieser oder jener Römer so charakterfest gehandelt hat, um wieviel mehr müssen dann Christen diese heidnische Qualität noch übertreffen.[186] Das römische Tugendideal (virtus) hat für ihn keinen sittlichen Wert: Selbst wenn Römer die Gesetze Gottes unwissentlich befolgt haben sollten, war ihr Tun doch niemals auf das einzig wahre Ziel orientiert und ist deshalb wertlos. Ein tugendhafter Römer ist nicht gut, sondern allenfalls weniger schlecht als ein Staatsverbrecher vom Schlage Catilinas. Die politische Größe Roms muß Augustinus natürlich anerkennen, sie läßt sich jedoch auf zwei Arten erklären und mit seinem Geschichtsbild in Einklang bringen: Entweder war Gottes Vorsehung wirksam und hat zu dieser Größe geführt, oder die von den sündhaften Römern erworbene Herrschaft ist schlecht, und die Größe Roms verdient deshalb keine Bewunderung. Je nach seiner argumentativen Zielsetzung finden sich bei Augustinus beide Tendenzen. Zuweilen sind in seiner Darstellung durchaus anerkennende und auch bewundernde Bewertungen für einzelne Römer oder die Leistungen Roms eingestreut. Diese Sympathie ist jedoch aufgehoben in dem leidenschaftlich vertretenen und grundsätzlichen Urteil, in dem sich dieselbe Denkweise ausdrückt, die auch schon seiner Kritik an Pelagius zugrunde lag: Der Mensch ist völlig abhängig von Gottes Macht und seiner Gnade, seine Versuche, irgendwie autonom zu bestehen, ein Bewußtsein seiner selbst durch seine Leistungen zu entwickeln, sind zu mißbilligen. Ohne göttliche Gnade ist menschliches Tun in jeder Hinsicht wertlos; die Begründung einer humanistischen Weltsicht, in der sich das Selbstbewußtsein des Menschen mit einem höheren moralischen Anspruch verbindet, gesteht Augustinus auch in seinem *Gottesstaat* nicht zu. Dieses Verdikt trifft nicht nur den römischen Staat, sondern auch seine Kultur, insbesondere die Literatur. Im *Gottesstaat* trennt sich Augustinus unmißverständlich von seinem eigenen Bildungsweg, der ganz auf der antiken Literatur aufgebaut war: Diese wird jetzt zu Literatur der anderen, der Heiden nämlich.

Nachdem die ersten zehn Bücher des *Gottesstaats* den Nachweis geführt haben, daß der Götterkult das irdische Glück nicht verbürgt und für das ewige Leben unerheblich ist, entfalten die folgenden Bücher einen breiteren geschichtlichen Rahmen. Chronologisch behandelt Augustinus die geschichtliche Entwicklung seit Adam und gelangt mit dem Buch 18 zur Darstellung der nicht mehr mythisch-biblischen Ereignisse. In dieser Darstellung zeigt er den Kampf zwischen dem Gottesstaat (civitas Dei) und dem irdischen Staat (civitas terrena) als das Hauptthema der Weltgeschichte: Zum Gottesstaat gehören alle Guten, zu seinem irdischen Pendant alle Bösen im Diesseits und im Jenseits. Immer wieder kleidet Augustinus diese Antithese in neue Formeln: Die richtige Haltung im Gottesstaat ist die Demut und die Liebe zu Gott. Im irdischen Staat herrscht menschliche Überhebung, anstelle von Gottesliebe gibt es nur Eigenliebe; Gehorsam weicht dem Ungehorsam und Eintracht der Zwietracht. Moralische Qualitäten wie Gerechtigkeit sind für Augustinus nicht allein ein Problem menschlichen Verhaltens – damit unterscheidet sich der Gottesstaat von allen antiken Staatsentwürfen –, sondern sie beruhen auf der Einstellung des Menschen zu Gott.[187] Während des irdischen Ablaufs der Geschichte sind beide Reiche nicht reinlich geschieden, es gibt Überschneidungen[188]; der Gottesstaat ist nicht mit der Kirche identisch, der irdische Staat läßt sich mit keinem konkreten Staat identifizieren: Die endgültige Scheidung der zwei Reiche erfolgt erst in der Endzeit beim Weltgericht.

Oft wurde darüber spekuliert, ob das Zwei-Reiche-Modell des *Gottesstaats* eine späte Nachwirkung des Manichäismus darstellt. Doch besteht im augustinischen Denken weder zwischen Kirche und

Das im Tor aufgehängte Kreuz soll anzeigen, daß nur der Tod Christi den Zugang zum himmlischen Jerusalem eröffnet. Mosaik, um 430. Rom, Santa Maria Maggiore

weltlichem Staat noch zwischen idealem Staat und weltlichem Staat ein Urbild-Abbild-Verhältnis; das Zwei-Reiche-Konzept entstammt wohl eher dem eschatologischen Denken der christlichen Frühzeit, es findet sich bei Augustinus schon in der frühen Schrift *Über die wahre Religion* angedeutet, ist also keineswegs allein als Reflex auf den Fall Roms entstanden und zu verstehen. Dieses Denk-Konzept entspricht generell dem augustinischen Welt- und Geschichtsverständnis.

Trotz der antithetischen Struktur der augustinischen Geschichtsauffassung muß festgehalten werden, daß auch der irdische Staat nicht gänzlich schlecht ist. Augustinus hatte mit seiner Ablösung vom Manichäismus auch dessen Erklärung des Bösen aufgegeben. Das Böse hat für ihn keine eigene Substanz mehr und existiert nicht an sich, sondern es stellt einen Mangel an etwas ursprünglich gut Geschaffenem dar (Privationstheorie). Das irdische Reich ist also nur weniger gut als das göttliche. Es ist auch Teil der Schöpfung, doch indem es sich «in falscher Selbstbehauptung vom Urgrund alles Seins abwendet, gehört es trotz seiner guten Seinssubstanz zum Reich des Bösen»[189]. Der weltliche Staat wird von Augustinus völlig anders als von den antiken Staatsdenkern gesehen: Während die antike Staatstheorie von Platon an über Aristoteles bis zu Cicero den Staat als Gemeinschaft zur sittlichen Vervollkommnung seiner Bürger begriffen hat, ist für Augustinus Gerechtigkeit kein Merkmal des Staats. Zwar ist für ihn nicht die gesamte politische Ordnung korrupt und ist er durchaus in der Lage, auch herausragende Leistungen auf dem Feld der Moral, die Rom in seiner Frühzeit hervorgebracht hat, anzuerkennen, doch im ganzen besteht für Augustinus zwischen einer Räuberbande und dem Staat nur ein gradueller, nicht ein prinzipieller Unterschied: *Was anders sind also Reiche, wenn ihnen Gerechtigkeit fehlt, als große Räuberbanden? Sind doch auch Räuberbanden nichts anderes als kleine Reiche. Auch da ist eine Schar von Menschen, die unter Befehl eines Anführers steht, sich durch Verabredung zu einer Gemeinschaft zusammenschließt und nach fester Übereinkunft die Beute teilt. Wenn dies üble Gebilde durch Zuzug verkommener Menschen so ins Große wächst, daß Ortschaften besetzt, Niederlassungen gegründet, Städte erobert, Völker unterworfen werden, nimmt es ohne weiteres den Namen Reich an, den ihm offenkundig nicht etwa hingeschwundene Habgier, sondern erlangte Straflosigkeit erwirbt.*[190] Verglichen mit dem Staatsentwurf Platons bedeutet der Augustins einen Rückzug aus der – von Menschen gestalteten – Politik. Da der irdische Staat notwendigerweise ungerecht ist, lehnt Augustinus das antike Denkmodell ab, daß Staaten ewig fortbestehen könnten, wenn sie nur die Gerechtigkeit verwirklichen. Geschichte kann für Augustinus deshalb nicht anders als linear verlaufen: Eine zyklische Vorstellung vom Geschichtsablauf, wie sie in antiken Staatsentwürfen mehrfach angenommen wurde, lehnt er ab.[191] Die Zeitspanne zwischen Weltschöpfung und Weltende ist für ihn singulär. Die Geschichte steuert damit auf ein konkretes Ziel zu: die Aufhebung der Zeit. Weltgeschichte ist für Augustinus demnach Heilsgeschichte, und ungewollt und paradoxerweise wird Augustinus so zum Vorläufer der neuzeitlichen Fortschrittsidee. Indem die geschichtliche Entwicklung zu einer Erfüllung voranschreitet, bei der über ewiges Heil oder Unheil im Endgericht entschieden wird, richtet sich im augustinischen Entwurf das geschichtliche Bewußtsein zum erstenmal auf die Zukunft. Das Vergangene hat keinen bleibenden Wert, es ist nur Vorausdeutung und Vorbereitung des künftigen, beständigen Zu-

Augustinus hört Hieronymus den himmlischen Ruhm verkünden. Fresko von Benozzo Gozzoli. 1463–1465, San Gimignano, Sant' Agostino

stands. Von einem innergeschichtlichen Fortschritt ist jedoch bei ihm nirgends die Rede; wahrscheinlich hat Augustinus an eine grundlegende Besserung der irdischen Verhältnisse nicht geglaubt. Noch eine weitere Idee, die für die Neuzeit wichtig wird, läßt sich aus dem *Gottesstaat* herleiten: Indem dieses Werk erstmals ein globales Konzept formuliert, hat es dazu beigetragen, die Menschheit als zusammengehörige Einheit zu begreifen und damit der Idee einer weltweiten Friedensordnung vorgearbeitet.

Wenn Augustinus also dem römischen im besonderen, dem irdischen Staat im allgemeinen jeden eigenständigen Wert abspricht und menschliche Geschichte damit grundsätzlich profanisiert, hat er die Existenz des Christentums unabhängig gemacht von politischen Gegebenheiten. Eine völlig neue kulturelle Entwicklung wird dadurch möglich. Indem Augustinus gegen die Rom-Idee polemisiert, indem er dem römischen Staat jede Größe und Bedeutsamkeit in kultureller oder moralischer Hinsicht abspricht, lockert er auch die Bindung an diesen Staat. Das Fortbestehen des Christentums über die Existenz des römischen Staates hinaus wurde auf diese Weise erst ermöglicht.[192] Es scheint Augustinus nicht schwergefallen zu sein, mit der antiken Lebenswelt zu brechen und den konsequenten Aufbau einer christlichen Lebensordnung einzuleiten.[193] Er hatte den intellektuellen und moralischen Verfall seiner Zeit erkannt und ihn darauf zurückgeführt, daß die noch von den antiken Werten bestimmten Menschen eine falsche Haltung zur Welt einnahmen. Daß die Antike nicht mehr reformierbar war und aus sich heraus kaum begründete Hoffnung auf Besserung bot, galt ihm als sicher.

Da auch die Kirche nicht mit dem Gottesstaat identifizierbar ist, teilt Augustinus nicht die konstantinische Idee einer Reichskirche. Dennoch hat er die erforderlichen Qualitäten des christlichen Herrschers skizzenhaft umrissen. Seine Hauptaufgabe liegt darin, die Religion zu schützen. Der christliche Idealkaiser, den Augustinus entwirft[194], weist im übrigen auch zahlreiche aus der antiken Tradition geläufige Elemente auf. Zur Schrift des Seneca über die Milde («De clementia») etwa lassen sich zahlreiche Parallelen ziehen. Augustinus wollte keine päpstliche oder kirchliche Dominanz über den weltlichen Staat, wie sie im Mittelalter vollzogen wurde. Der irdische Staat hat den vornehmlichen Zweck, den Frieden zu sichern[195], und soll dem eigentlichen Lebensziel des Menschen dienen, sich auf das jenseitige Leben vorzubereiten.[196]

Die spürbare Distanz, die Augustinus gegenüber dem römischen Staat sowie einer politischen Ordnung überhaupt einnimmt, bedeutet noch keine grundsätzliche Ablehnung staatlicher Organisation. Am römischen Imperium als letztgültiger irdischer Ordnung, die auch militärisch aufrechterhalten werden darf, hat er keinen Zweifel.[197] Das Recht des römischen Staates, sich gegen seine Feinde zu verteidigen, bejaht Augustinus ausdrücklich.[198] Allerdings gilt seine Anerkennung staatlicher Belange nur unter dem Vorbehalt, daß der Staat wie das irdische Leben überhaupt vergänglich und unvollkommen ist.

Historische und geistesgeschichtliche Bedingungen

Augustins Verhältnis zur Antike

Augustinus gehört sicherlich zu denjenigen Persönlichkeiten der Spätantike, die noch einmal die antike kulturelle Tradition in sich aufnehmen und ganz von ihren Bildungselementen geprägt sind. Die Ansätze, diese geistige Welt zugleich zu überwinden und dadurch zu einem Ende zu bringen, sind jedoch bei ihm ebenso ausgeprägt. Der Bildungsgang des Augustinus hat dies eindrücklich gezeigt: Er beschäftigt sich mit den klassischen antiken Texten, eignet sich die Rhetorik an, in der die antike Bildung gewissermaßen kulminierte, setzt sich schließlich mit den wichtigsten philosophischen Strömungen seiner Epoche auseinander – und formt etwas Neues aus diesen Bildungselementen. Für die Rhetorik etwa läßt sich dies sehr deutlich nachweisen. Augustinus bleibt ohne Zweifel bis zu seinen letzten Schriften ein durch und durch rhetorisch bestimmter Autor – die auf Wirkung durchformte Sprache seiner Schriften belegt das auf jeder Seite –, und doch ist das Konzept der antiken Rhetorik, die nicht nur ein Archiv an sprachlichen und argumentativen Mitteln bereitstellte, sondern zugleich ein bestimmtes Menschenbild einschloß, in seinem Denken überwunden. Letztlich beruhte die klassische Rhetorik auf der Auffassung, daß die absolute Wahrheit nicht erkennbar sei und dem Redner deshalb die Aufgabe zukomme, durch sein persönliches Können Überzeugung und Handlungssicherheit selbst zu erzeugen. Bei Augustinus wird die Rhetorik zu einem Hilfsmittel verkürzt, das man einsetzt, weil man es einsetzen muß, um die Bibel besser zu verstehen und ihre Wahrheit weiterzugeben. Sie ist nicht mehr wie im 5. Jahrhundert v. Chr. in Athen oder in der römischen Republik diejenige geistige Disziplin, in der sich der Mensch in seinen intellektuellen Fähigkeiten beweist und mit deren Hilfe er die für ihn und seine Zuhörerschaft maßgebliche Wirklichkeit gestaltet.

Im Grunde lassen sich bei Augustinus zwei prinzipiell unterschiedene Konzeptionen von Bildung feststellen. In der ersten unternimmt er es – bis zur Entwicklung seiner Gnadenlehre –, Antike und Christentum zu verknüpfen. Das spätantike Bildungssystem wird als Mittel begriffen, dem Geist aus sich heraus einen Aufstieg zu seiner Selbsterkenntnis und zur Erkenntnis Gottes zu eröffnen. Je mehr sich das gnadentheologische Denken Augustins verfestigte, um so weiter rückte er von dieser Auffassung ab. Der Zweck von Bildung wird nun rigoros auf die Bibelauslegung beschränkt, jeder Weltbezug wird ausgeklammert. In den *Bekenntnissen* spricht Augustinus deutlich aus, daß seine Bildungsauffassung von Cassiciacum von ihm als Bischof nicht mehr geteilt wird: Jetzt will er Gott alles weihen, was er früher gelernt hatte.[199] Und in der Schrift *Über die christliche Lehre* faßt er diese Sicht in eine Allegorie: Wir sind Wanderer und dürfen nur an das Ziel denken, nicht an die reizvolle Landschaft ringsum.[200]

Augustinus übergibt Christus seine «Confessiones». Buchmalerei aus dem 12. Jahrhundert. München, Bayerische Staatsbibliothek, Cod. lat. 22221, fol. I r⁰, S. XII

Wie äußert sich Augustinus seit der Verfestigung seines Gnadendenkens zu den zentralen Bildungselementen der Antike? Die antike Literatur wertet er immer wieder ab. Wenn er auf die literarische Tradition eingeht, bezieht er fast durchgängig den Standpunkt des Christen und Theologen, selten den des Literaten oder des römischen Bürgers: daß er den «Hortensius» des Cicero, den er als junger Mensch sehr geschätzt hatte, auch in den *Bekenntnissen* nicht in sein Verdikt einschließt, ist eher eine Ausnahme. Diese Verdammung der griechischen und römischen Literatur findet sich auch bei anderen christlichen Autoren. Die Begründung liefert ausnahmslos das auch von anderen Christen geäußerte Argument, diese Schriften trügen nichts zum Seelenheil bei, sie seien vielmehr gefährlich, weil sie den Menschen von Gott wegführen. Illustrativ und berühmt ist vor allem der Traumbericht des Hieronymus, mit dem er im Jahre 384 motiviert, weshalb er sich von der heidnischen Literatur abkehrt: «Plötzlich fühlte ich mich im Geiste vor den Richterstuhl geschleppt, dort umstrahlte mich so viel Licht, und von der Schar der den Richterstuhl Umgebenden ging ein solcher Glanz aus, daß ich zu Boden fiel und nicht aufzublicken wagte. Nach meinem Stande befragt, gab ich zur Antwort, ich sei Christ. Der auf dem Richterstuhl saß, sprach zu mir: ‹Du lügst, du bist ein Ciceronianer, aber kein Christ. Wo nämlich dein Schatz ist, da ist auch dein Herz.› Darauf verstummte ich. Er aber gab Befehl, mich zu schlagen. Mehr noch als die Schläge peinigten mich die Gewissensqualen.»[201] Mitunter fallen die Urteile über die antike Literatur sehr scharf aus, Arnobius meinte sogar, daß die alte Grammatik unnötig sei.[202] Offensichtlich gab es einen radikalen christlichen Standpunkt, der die antike Kultur insgesamt ablehnte. Zu solcher Radikalität hat sich Augustinus kaum verstanden. Im *Gottesstaat* werden immer wieder die klassischen Vertreter der römischen Literatur – Vergil, Cicero und Varro – zitiert. Das formale Können des Dichters Vergil schätzte er hoch ein, seine aus römischer Sicht vorgetragene Welt- und Geschichtsdeutung dagegen lehnt er entschieden ab. Unschwer läßt sich feststellen, daß Augustinus bei allen Vorbehalten und aller Kritik vom sprachlichen Können dieser Autoren letztlich doch tief beeindruckt ist.

Mit der griechischen Sprache, in der die maßgeblichen Texte der antiken Philosophie verfaßt sind, ist Augustinus niemals recht vertraut geworden: Er konnte griechische Texte einigermaßen lesen, doch zu einer flüssigen Lektüre war er wohl nicht in der Lage. Deshalb spricht viel für die Annahme, daß er griechische Autoren nur in lateinischen Übersetzungen kannte. Aus der lateinischen Sprache bezog er seine gesamte Bildung, auch die Bibel benutzte er in einer lateinischen Übersetzung. In seinem reduzierten Vermögen, griechische Literatur zu rezipieren, zeigt sich Augustinus als Kind seiner Zeit: Die Kenntnis des Griechischen ist im Westteil des Reiches gegen Ende des 4. Jahrhunderts eher gering.

Keine antike Kultureinrichtung hat häufiger und heftiger Kritik durch Augustinus erfahren als das Theater: *Nun war ich auch hingerissen vom Theater und seinen Schauspielen, die reich waren an Bildern, die mein eigenes Elend widerspiegelten, und an Zunder für mein eigenes Feuer der Leidenschaft. Wie kommt es denn nur, daß der Mensch hier Schmerz empfinden will, wenn er jammervollen, tragischen Geschehnissen zuschaut, obschon es ihm doch widerstrebt, sie an sich selbst erdulden zu müssen? Gleichwohl erduldet er als Zuschauer gern die Schmerzempfindung, die sich aufgrund dieser Ge-*

Komödienszene. Mosaik aus einer Villa in Pompeji, signiert von Dioskurides. Um 100 v. Chr., Neapel, Nationalmuseum

schehnisse einstellt, und gerade die Schmerzempfindung ist sein Vergnügen. Ist das etwa etwas anderes als sonderbarer Wahnsinn? Denn man wird um so mehr davon gerührt, je weniger man von solchen Regungen frei ist, obwohl man gewöhnlich von «Leid» spricht, wenn man eigenes Mißgeschick erduldet, wenn man aber am Mißgeschick anderer Anteil nimmt, von «Mitleid». Was in aller Welt ist das jedoch für ein Mitleid im Fall erdichteten Geschicks auf der Bühne? Der Zuschauer wird nämlich nicht zur tätigen Hilfeleistung aufgerufen, sondern nur zur Schmerzempfindung eingeladen, und er bezeugt dem Darsteller in diesem Schattenbilderkabinett um so mehr seine Gunst, je tiefer der Schmerz ist, den er empfindet.[203] Augustinus löst sich in dieser Stelle vom aristotelischen Katharsis-Modell, nach dem das dramatische Geschehen beim Zuschauer eine Reinigung von den dargestellten Affekten auslöst. Das Theater zeigt für ihn gewissermaßen besonders deutlich, wie sich der Mensch in seiner Schaulust ganz auf sich selbst bezieht: Mitleid könne durch das Theatergeschehen nicht ausgelöst werden, und was nach Aristoteles gerade den sittlichen Kern des Dramas bedeutet, erscheint Augustinus als Abfall von Gott.

Weniger eindeutig ist sein Verhältnis zur antiken Philosophie. Seinen früheren Optimismus, Vernunft und Glauben vereinigen zu können, hat Augustinus zwar aufgegeben. Doch bleibt er bis zu seinen letzten Tagen davon überzeugt, daß der Glaube auf Vernunft gründen solle, auch wenn sich die Gewichte in diesem Verhältnis entscheidend verlagert haben. Die antiken Philosophen und selbst die Neuplatoniker, die er in Mailand sehr schätzte und die seine Bekehrung mitbestimmt haben, werden von ihm nach der Entwicklung der Gnadenlehre heftiger getadelt. Sie seien in verwerflicher Weise stolz auf ihre an sich richtigen Erkenntnisse, oder ihre gesamte Lehre führe – trotz einzelner richtiger Erkenntnisse – insgesamt zur Überheblichkeit.[204] In den *Retractationes* rückt er zudem besonders von denjenigen früheren Positionen ab, die noch eine stärkere Synthese aus Philosophie und Christentum angestrebt haben. Gegen die Philosophie führt Augustinus häufig an, ihre Vertreter seien unter sich völlig zerstritten und deshalb könne von der Philosophie keine verbindliche Auskunft über die wichtigsten Fragen erteilt werden: *Was aber die Philosophen anlangt, […] so haben sie offenbar bei ihren Forschungen ihr Bestreben nur darauf gerichtet, ausfindig zu machen, wie man leben muß, um Glückseligkeit zu erlangen. Aber warum diese Abweichungen der Schüler von den Lehrern und*

Antike Philosophen. Rom, Musei Capitolini, Stanza dei Filosofi

der Mitschüler voneinander? Weil sie nur auf Menschenweise mit menschlichen Sinnen und Vernunftschlüssen sich abmühten. Dabei mag auch das Verlangen nach Ruhm beteiligt sein, das jeden treibt, weiser und scharfsinniger erscheinen zu wollen als die anderen und nicht Nachbeter einer fremden, sondern Erfinder einer eigenen Lehre und Meinung zu sein.[205] Und daher sei es schließlich so weit gekommen, daß man 288 verschiedene Auskünfte von den Philosophen auf die Frage nach dem höchsten Gut erhalten könne.[206] Für Augustinus steht deshalb fest, daß die antike Geisteshaltung allein niemals zur Wahrheit und einem sittlichen Lebenswandel anleiten kann, sondern letztlich vom wahren Gott ablenkt. Dies spricht er in den *Bekenntnissen* wiederholt aus.[207] Entscheidend ist auch eine weitere Akzentverlagerung, die Augustinus immer stärker vollzieht. Die Philosophie Platons und Plotins betonte den Zusammenhang von Denken und Ideenwelt. Augustinus dagegen rückt seit der Gnadenlehre den Kontrast zwischen Schöpfer und Geschöpf in den Vordergrund: Die philosophische Ideenlehre wird von ihm zwar in sein System übernommen; jedoch erscheint sie in der Gestalt des verdammenden oder zur Gnade erwählenden Himmelskaisers als einschüchterndes Zerrbild.

Andererseits ist Augustinus nie so weit gegangen, einen grundsätzlichen Konflikt zwischen Vernunft und Glauben zu behaupten. Er kennt keinen Glauben, der mit der Vernunft prinzipiell unvereinbar wäre, kein «Credo quia absurdum» («Ich glaube, weil es widersinnig ist») wie Tertullian.[208] Auch beim späten Augustinus geht das Denken, die Vernunft dem Glauben voran, und Gnade und Wissen verknüpfen sich bei ihm zu einer kaum entwirrbaren Verbindung. Für Augustinus ist Wissen immer höher einzuschätzen als Glauben, doch wer mit der Vernunft nicht weiterkommt, ist auf den Glauben verwiesen.

Offenbar war Augustinus überzeugt, daß er die Antike über sich selbst hinausführt. Die philosophischen Elemente in seinem Denken garantieren immerhin einen – wenn auch mitunter geringfügigen – Anschluß an die Traditionen der Antike. Und indem die Vorstufen und Ausgangspunkte seines Denkens zumindest versteckt und verborgen in seinen Werken erhalten geblieben sind, erweist sich sein Werk als einer der wichtigen Umschlagplätze zwischen Antike und Mittelalter, klassischer Philosophie und Christentum.

Trotzdem wurde Augustinus auch zum Archegeten des theologischen Irrationalismus. Die traditionellen Wissenschaften sind ihm bestenfalls gleichgültig, oftmals jedoch auch Gegenstand der Verachtung. Insgesamt hat er dazu beigetragen, daß sich die naturwissenschaftlichen und kosmologischen Traditionen aus der Antike nicht bruchlos fortsetzen konnten. Beschäftigung mit Wissenschaft ist für ihn nur noch dann legitimiert, wenn sie nützlich für das Bibelverständnis ist. Im Grunde steht alles, meint Augustinus[209], was ein Mensch an Wissen brauche, in der Bibel, und was dort nicht stehe, sei schädlich.[210] Selbst historische Fragen lassen sich für Augustinus aus der Bibel beantworten: Aus ihr heraus nimmt er wie in seinem *Gottesstaat* zu politischen Fragen Stellung und deutet den geschichtlichen Ablauf. Immer wieder warnt Augustinus davor, die Wissenschaft zum Selbstzweck werden zu lassen. In den *Bekenntnissen* tadelt er seinen eigenen Stolz selbstkritisch, er habe sich mit seinem Wissen aufgebläht.[211] Der Philosoph Hans Blumenberg hat deshalb die These vertreten, daß Augustinus entscheidend den Entstehungsprozeß der theoretischen Neugier belastet und erschwert habe: Er habe sich dafür eingesetzt, die Wißbegierde (lat. curiositas) in den Katalog der Laster aufzunehmen und dadurch negativ zu besetzen. In seinen *Bekenntnissen* brandmarkt Augustinus deshalb die Forschung als fleischliche Neugier: *Hier naht aber noch eine an-*

dersgeartete Versuchung; in ihrer Vielfalt ist sie noch gefährlicher. Denn es gibt außer der fleischlichen Begierde, die in der Freude über alle Sinne und Lüste besteht – in deren Dienst gehen die zugrunde, die sich weit von dir entfernen –, in der Seele noch eine andere eitle und neugierige Sucht. Sie bezieht sich auf dieselben Sinne, will sie aber nicht fleischlich genießen, sondern will mit dem Fleisch Erfahrungen machen und versteckt sich unter dem Namen «Erkenntnis» und «Wissenschaft».[212] Dieser Bann, den Augustinus auf die menschliche Entdeckerfreude legt und die etwa die Naturforschung nachhaltig behinderte, blieb bis weit in das Mittelalter bestehen und konnte nur schrittweise gebrochen werden. Erst im 11. und 12. Jahrhundert verlor Augustinus seine Schlüsselstellung, als individuelle Selbständigkeit erfahrbar und es dadurch möglich wurde, die Natur entsprechend als objektive, das heißt unabhängig vom eigenen Selbst existierende Größe zu begreifen.[213] Entscheidend war in dieser. Hinsicht auch die Rezeption des Aristoteles und seiner arabischen Erklärer im 13. Jahrhundert. Der endgültige Durchbruch gelang jedoch erst in der Renaissance.

Auch andere Bereiche werden von dieser Reduzierung menschlicher Interessen auf Bibelstudium und Gottessuche erfaßt und beeinträchtigt: *Die Menschen haben mit Hilfe verschiedenartiger Künste und Handwerke zur Aufreizung der Augen unzählige Dinge hinzuerdacht, weit über jeden notwendigen Bedarf und über jede maßvoll-fromme Bedeutung hinaus: Kleider, Schuhwerk, Gefäße und derartige Gegenstände, Bilder und Skulpturen der verschiedensten Art. Nach außen haben sie sich gewendet, zu dem, was sie selbst gemacht haben; innen haben sie sich abgewendet von dem, der sie gemacht hat; so haben sie zerstört, als was sie gemacht worden sind.*[214] Im Grunde ist jede menschliche Betätigung, jede Kunstausübung, jede Naturbetrachtung hiervon betroffen: Augustinus bezichtigt sich sogar selbst der verwerflichen Neugierde, wenn er mit Interesse einen Hasen ansieht, der von einem Hund verfolgt wird, oder eine Spinne, die Fliegen fängt.[215] Man fragt sich, was vom Menschen übrigbleibt, wenn Augustinus seinen Handlungs- und Interessenspielraum auf den kleinstmöglichen Kreis einengt. Mit einer weiteren Stelle ist ein geistesgeschichtlich bedeutsames Ereignis verbunden: *Und da gehen die Menschen hin und bestaunen die Gipfel der Berge, die ungeheuren Fluten des Meeres, die breiten Wasserfälle der Flüsse, die Größe des Ozeans und die Bahnen der Sterne, aber sie vergessen dabei sich selbst. Sie staunen nicht darüber, daß ich all die*

Dinge, während ich sie aussprach, nicht mit Augen sah und daß ich sie doch nicht aussprechen könnte, ohne daß ich Berge, Meeresfluten, Flüsse und Sterne, die ich sah, und den Ozean, von dem ich glaubhaft hörte, innen in meinem Gedächtnis sähe, in so ungeheuren Räumen, als sähe ich sie draußen. Und doch habe ich die Dinge nicht, als ich sie sah, in mich hineingeschlungen, und nicht sie selbst sind in mir, sondern ihre Bilder, und ich weiß wohl, aus welcher Wahrnehmungsart sie mir eingeprägt wurden.[216]

Diese Stelle las Petrarca, als er am 26. April 1336 den Mont Ventoux bestieg, und faßte sie als Kritik an dem rein neugierigen Reisen und dem für sich selbst stehenden Naturerlebnis auf: «Ich war betäubt, ich gestehe es, und [...] schloß das Buch, zornig auf mich selber, daß ich jetzt noch Irdisches bewunderte, ich, der ich schon längst selbst von den Philosophen der Heiden hätte lernen müssen, daß nichts bewundernswert ist außer der Seele: Im Vergleich zu ihrer Größe ist nichts groß.»[217] Petrarcas Brief dokumentiert zum einen einen ersten Schritt zu einer neuen Weltsicht, wie sie die Neuzeit endgültig durchsetzen sollte, zum anderen zeigt sich in ihm noch einmal in aller Deutlichkeit, wie schwierig die Ablösung vom alten, durch Augustinus maßgeblich geprägten Denken gewesen ist.

Wenn sich Augustinus für die Erfahrungswelt interessierte, dann als Theologe und Prediger, der nach argumentativ und rhetorisch wirkungsvollen Belegen und Analogien für seine christlichen und ethischen Thesen suchte. Sind Tatsachen aus der empirisch erforschbaren Welt als Mittel einsetzbar, seine Argumentation zu verstärken, hält Augustinus sie für Zeichen, die auf den Schöpfer hinweisen und von denen er durchaus ausgiebig Gebrauch macht. Gerne bedient er sich wunderbar anmutender Beobachtungen aus der Natur. Daß diese häufig den Tatsachen nicht standhielten, scheint ihn nicht gestört zu haben. In einem Kapitel seines *Gottesstaates* möchte Augustinus darlegen, daß die Höllenstrafen allen Naturgesetzen zum Trotz ewig sein können, die Bestraften also nicht irgendwann durch einen endgültigen Tod erlöst werden. Seine Argumentation zieht nun zahlreiche unglaubliche Beispiele heran, die Gott gleichfalls ermöglicht habe. So würde das Fleisch des toten Pfaus nicht in Verwesung übergehen, der Salamander könne im Feuer leben, und Diamanten können nur durch Bocksblut gespalten werden. Also müßten, so schließt Augustinus, auch die Qualen der Hölle ewig andauern können, wenn dies in der Absicht Gottes liegen sollte.[218] Auch mit dieser naiv anmutenden Naturanschauung erweist sich Augustinus als Kind einer Zeit, die die Wissenschaften nicht mehr als lebendige Institutionen kannte. Ihre Ergebnisse waren zu Bücherwissen geworden, in Archiven und Bibliotheken aufbewahrt, aus dem seltsame Blüten sproßten. Abstruse Vorstellungen über die Natur waren im Umlauf, zum Teil hatte sich Aberglaube breitgemacht, von dem auch Augustinus nicht gänzlich frei war. Doch das dürfte er kaum so empfunden haben, denn biblisch bezeugter Aberglauben war für ihn kein Aberglaube, und so hat er an Dämonen geglaubt, weil sie in der Bibel vorkommen. Wenn etwas gegen Aberglauben spricht, dann nicht eine bessere Einsicht in die Realitäten der Welt, sondern der Glaube an Gott.[219]

Das Leben des Augustinus endet nahezu gleichzeitig mit der Antike: Als er stirbt, wird es nicht mehr lange dauern, bis das weströmische Reich dem Wanderungsdruck germanischer Stämme nicht mehr standhalten kann. Im Jahr 476 wird der letzte römische Kaiser abdanken müssen. Und das europäische Mittelalter hatte durch Augustinus bereits markante Konturen erhalten.

Augustinus und seine Zeit

So richtig es ist, daß das Denken Augustins bereits über die antike und spätantike Welt hinausweist und sich aus ihm viele Entwicklungen des Mittelalters herleiten, so notwendig ist es auch, Augustinus als zeitgebundene, spätantike Persönlichkeit zu begreifen. Und doch ist die Tendenz in zahlreichen Darstellungen unübersehbar, ihn zur geschichtsfreien Existenz zu stilisieren, ganz als ob sich seine Größe darin manifestiert hätte, daß er außerhalb geschichtlicher Bezüge stand. Doch zeigt sich Augustinus in seiner Biographie, in seiner Entwicklung als Mensch und als christlicher Denker letztlich sehr stark von seiner Zeit, ihren Vorstellungen, ihrer staatlichen und gesellschaftlichen Ordnung bestimmt und beeinflußt. Es ist vielleicht gerade Ausdruck seiner Größe, daß er es verstanden hat, Wesensmerkmale spätantiker Wirklichkeit aufzugreifen und in theoretische Entwürfe umzuformen. Vielleicht läßt sich aus den zahlreichen Analogien, die sich zwischen der Zeit des Augustinus und seinem Werk aufzeigen lassen, auch der dominante Einfluß erklären, den sein Denken auf die geistigen Auseinandersetzungen in der Kirche des 5. Jahrhunderts nahm. Zwischen seiner individuellen

Entwicklung und politischen, gesellschaftlichen Vorgängen im spätantiken Staat lassen sich jedenfalls immer wieder Parallelen aufzeigen, auch wenn Augustinus sie nicht intendiert hat und sie ihm wohl auch größtenteils nicht bewußt gewesen sind.

Schon der äußerliche Ablauf seines Lebens weist sicher nicht nur zufällig an den Stellen seine signifikantesten Einschnitte und Umbrüche auf, an denen auch geschichtliche Entwicklungsprozesse und Zäsuren augenfällig hervortreten. Augustins Leben fällt in eine Zeit, in der die Kirche ihre Bedeutung und ihren Einfluß auf den Staat erheblich ausdehnen konnte. Nachdem Konstantin die christliche Religion in den römischen Staat eingeführt und diese gegenüber dem alten Glauben deutlich begünstigt hatte, wurde das Christentum in der Folgezeit – abgesehen von einer kurzen Unterbrechung durch Julian Apostata, der die alte Religion wiederherstellen wollte – immer mehr zur Staatsreligion. Als Augustinus 26 Jahre alt war, im Jahr 380, wurde der staatliche Bekehrungsdruck von Kaiser Theodosius deutlich verstärkt. Der Katholizismus erfuhr jetzt nicht mehr nur eine Begünstigung, sondern der Staat selbst betrieb nun mit intensiven politischen Maßnahmen seine Verbreitung. Die hierfür angewandten Mittel wurden zunehmend drastisch. Die Priesterweihe Augustins war gerade ein Jahr vergangen, als Theodosius jeden heidnischen Kult verbot und die Alleinberechtigung des Christentums herausstellte. Derartige Verbote hatte es bereits früher, etwa unter dem Sohn des Konstantin, Constantius, gegeben, die jedoch häufig nur deklamatorischen Wert hatten und nicht immer durchgesetzt wurden. Auch das änderte sich nun. Zahlreiche Angriffe auf Tempel, unter denen die Zerstörung des Serapeions (Heiligtum der Serapis) 391 in Alexandria hervorragt, unterstreichen diese Wende; Augustinus schrieb zu dieser Zeit gerade an seiner Schrift *Über die wahre Religion*. Im Jahr 398, er war soeben Bischof geworden und hatte das Fundament seiner Gnadenlehre entwickelt, ordnet erneut ein Gesetz die Zerstörung heidnischer Kultstätten an. Auch wenn sich die Ausführung dieses Gesetzes an vielen Orten des römischen Reichs wegen immer noch mächtiger heidnischer Oppositionsgruppen mitunter schleppend oder halbherzig vollzog, wurde es besonders in Nordafrika umgesetzt. Diese staatlichen Maßnahmen und Gesetze förderten die ohnehin spürbare Tendenz des Christentums, sich gegenüber Heiden intolerant zu verhalten. Je stärker das römische Reich den Charakter eines christlichen Staats annahm, um so mehr verbreitete sich die Ansicht, die heidnische Religion nur noch für eine befristete Übergangszeit zu tolerieren. Und diese Ansicht führte immerhäufiger zu Zwangsmaßnahmen: Abschaffung der Opfer und Götterfeste, Schließung und Zerstörung der Heiligtümer, Bücherverbrennungen, Enteignung von Tempelland, Zerschlagung von Götterbildern waren üblich. Augustinus hat diesem Vorgehen eine theologische Rechtfertigung geliefert.[220]

Heidnische Kulthandlung.
Tafel eines Elfenbeindiptychons, Mitte des 4. Jahrhunderts.
London, The Victoria and Albert Museum

Noch eine weitere Entwicklung erhöhte das christliche Selbstbewußtsein. Im spätantiken Staat ist die Kirche die einzige Institution gewesen, die von dem allgemeinen Niedergang nicht erfaßt wurde, sondern im Gegenteil mächtiger und größer aus ihm hervorging.[221] Dieser Erfolg des Christentums ließ aus einer elitären Gruppe von Gläubigen in der Zeit des Augustinus eine Massenkirche entstehen, die die gestiegene Bedeutung des Christentums eindrucksvoll bestätigte. Die kirchlichen Amtsträger sahen sich dadurch vor ganz neue Herausforderungen gestellt; bislang unbekannte Aufgaben mußten bewältigt werden. Der christliche Glaube war keine Ausnahme mehr, sondern erhielt mehr und mehr den Charakter einer offiziellen Lebensform. Die Frage, wie die Identität des Christentums aufrechterhalten werden soll, stellte sich angesichts dieser geänderten Umstände mit größerer Dringlichkeit. Und wenn des Denken Augustins sich im Lauf seines Lebens radikalisierte, wird man zu bedenken haben, daß eine derart profilierte Lehre wie die seine geeignet war, einer Verflachung und Nivellierung der Glaubensinhalte durch die Masse der Christen entgegenzuwirken.

Vor allem für die Ausprägung seiner Gnadenlehre ist das ein entscheidendes Motiv. In dem Menschen- und Gottesbild, das der Gnadentheologie des Augustinus zugrunde liegt, spiegelt sich auch die gesellschaftliche Wirklichkeit seiner Zeit in bemerkenswerter Deutlichkeit wider. Das Lebensgefühl, das viele Bürger des spätantiken Staats erfüllt hat, findet in der Art, wie die Beziehung zwischen Gott und Mensch in der Lehre Augustins gestaltet ist, einen deutlichen Ausdruck.

Der römische Staat war zentralistisch eingerichtet. Während jedoch die römische Republik von einem kleinen Verwaltungsstab regiert werden konnte, hatten anhaltende außenpolitische Gefahren und innenpolitische Belastungen (die Gesellschaft war beispielsweise extrem in Schichten und Gruppen polarisiert) die zu bewältigenden Aufgaben der Politik und der gesellschaftlichen Organisation drastisch vermehrt. Weder die Städte noch private Initiative waren diesen Anforderungen gewachsen. Der Staat mußte deshalb immer mehr Aufgaben an sich ziehen; dadurch stieg die Zahl der von ihm beschäftigten Beamten und der von ihm erlassenen Gesetze stetig an. Es entstand ein komplizierter und bald immer undurchschaubarer werdender staatlicher Apparat. Die Bürokratie konnte jedoch kein befriedigendes Maß an Sicherheit garantieren, schränkte andererseits aber die Freiheit der Bürger und Untertanen in vielfacher Hinsicht ein. Damit die große Zahl der Staatsbediensteten überhaupt bezahlt werden konnte, war die Steuerlast außerordentlich drückend geworden. Das Leben der meisten Bürger war auch sonst in vielerlei Hinsicht eingeschränkt und reglementiert. Eine wichtige Einschränkung war etwa die Organisation wichtiger Berufsgruppen in Körperschaften. Die Zugehörigkeit zu ihnen war verpflichtend und wurde vererbt. Ein Wechsel der Zunft war nur möglich, wenn es für den Staat vorteilhaft war oder man durch geldwerte Argumente diesen Anschein erwecken konnte. Denn der Beamtenapparat, der die Zwangsregelungen durchführen sollte, war für Korruption anfällig und handelte häufig eigenmächtig. Der Druck des Staats auf den einzelnen erhöhte sich dadurch nicht selten erheblich, und das Maß der von staatlicher Seite ausgeübten Gewalt war erschreckend. In Zivil- und in Strafprozessen waren

Folter und Verstümmelungen der Angeklagten an der Tagesordnung.

Je willkürlicher sich die Maßnahmen des Staats ausnahmen und je schutzloser die Bürger ihnen ausgeliefert waren, um so größeren Auftrieb erhielt die sogenannte Patrozinienbewegung, die eine gewisse Sicherheit vor staatlichem Zwang gewährte. Die Schutzbedürftigen, sogenannte Kolonen, konnten sich dem Patronat eines grundbesitzenden Herren unterstellen, der seine Macht oftmals in Konkurrenz zu Magistratsbefugnissen ausübte. Den Kolonen wurde dadurch zwar nicht ihre Ohnmacht genommen, immerhin aber Beistand gegen staatliche Willkür zugesichert. Bauern, die sich von der Steuerlast überfordert fühlten, schlossen deshalb Schutzverträge mit den Reichen. Sie verloren dadurch ihre Freiheit und ihr Eigentum, waren dafür jedoch sicher vor Steuereintreibern und Strafmaßnahmen der Justiz. Selbst kleinere Städte und Berufskörperschaften schlossen sich zusammen und unterstellten sich dem Schutz eines Patronats. In der Abwägung zwischen dem Staat und dem Patronat war letzteres nicht selten das geringere Übel. Da der Staat auch auf anderem Gebiet überfordert war und es ihm nicht gelang, das grassierende Räuberunwesen einzudämmen, war die Stimmung vieler Menschen von der Ansicht geprägt, daß man Schutz vor den Mächtigen und Herrschenden nötig hatte. Dieses Lebensgefühl des spätantiken Menschen, einer Bedrohung ausgesetzt zu sein, ohne über hinreichend Mittel zu verfügen, ihr wirksam zu begegnen, wurde noch durch andere Faktoren verstärkt: Die Grenzen des Reichs waren fortwährend bedroht; die Militarisierung der Bevölkerung nahm deshalb ständig zu, und das alltägliche Leben in Landwirtschaft, Handel und Handwerk war häufigen Störungen ausgesetzt.

Überblickt man diese Lebensbedingungen, unter denen die Menschen lebten, vergegenwärtigt man sich diese Zwänge und Reglementierungen, die nicht mehr durchschaubar oder rational nachvollziehbar waren, erscheint die Gnadenlehre als analoge Denkbewegung. Ließen die staatliche Willkür und der aufgeblähte Verwaltungs- und Beamtenapparat den Abstand zwischen Herrscher und Beherrschten unermeßlich groß werden[222], so verhält sich der willkürliche Gott der Gnadenlehre durchaus vergleichbar zu seinen Geschöpfen.[223] Und so wie der Mensch der Spätantike einen mächtigen Herrn brauchte, der sich für ihn einsetzte, so brauchte der Mensch nach Augustins Vorstellung die Gnade seines Gottes. Und wie er in Abhängigkeit von einem Patron lebte oder in einer Körperschaft gebunden war und nicht selbst sein Geschick bestimmen konnte, so stand für den Gnadentheologen Augustinus fest, daß nur wenige gerettet werden können und daß das Bemühen des Menschen dazu nichts beiträgt. Die Gnadenlehre dokumentiert eine Unterwerfung vor der Macht des Irrationalen, die reale Alltagserfahrung war. Folgerichtig hatten viele Menschen in der Spätantike das Gefühl, daß ihnen die Vernunft der bisherigen Philosophie (Platon, Plotin) nicht weiterhelfen konnte, daß die traditionellen rationalen Konzepte der Lebensbewältigung kein adäquates Mittel darstellten in der Welt, in der sie lebten. Indem die Gnadenlehre Augustins sehr genau auf diese Grundbefindlichkeit seiner Zeit reagiert, erklärt sich auch ihre große Wirkung. Und wenn die Gegenposition vor allem in der europäischen Aufklärung mit ihrem Vernunftoptimismus bezogen wird, wird klar, wie skandalös Augustinus seitdem erscheinen mußte.

Eine weitere Konstante augustinischen Denkens läßt sich in ihrer geschichtlichen Tiefe begreifen, wenn man diese Zeitumstände berücksichtigt: die Entdeckung, daß das irdische Leben völlig unbefriedigend, im Grunde verkehrt ist und den Menschen dazu zwingt, entgegen seiner Bestimmung zu leben. Zu Beginn seiner *Bekenntnisse* hat Augustinus dies in das berühmte Wort gefaßt, daß das Herz des Menschen unruhig sei, bis es in Gott ruhe.[224] Daß das Elend des irdischen Lebens groß ist und der Mensch zu dessen Besserung nichts beitragen kann, das war die Überzeugung Augustins, die er auch in einem umfangreichen Kapitel in seinem *Gottesstaat* dargelegt hat.[225]

Die Nachwirkung

Augustinus steht nur zeitlich am Ende der antiken Kultur, geistes- und kulturgeschichtlich ist er Vorbereiter des Mittelalters. Für die Folgezeit ist er eher Ausgangs- als Endpunkt. Daß Augustinus in den antiken Traditionen wurzelt, läßt sich zwar immer wieder beobachten. Aber ebenso ist festzustellen, daß er sie umgestaltet, modifiziert, zuweilen verwirft und in jedem Fall etwas Neues aus ihnen hervorgehen läßt.

Die Nachwirkung Augustins ist vielschichtig, sie greift in unterschiedliche Richtungen aus, und sie war in jedem Fall nicht immer förderlich. In mancher Hinsicht hat er dem europäischen Mittelalter eine schwere Hypothek hinterlassen. So hat seine Rezeption lange Zeit den konsequenten Vernunftgebrauch behindert. Unter Berufung auf Augustinus konnte die Unterdrückung des Individuums, insbesondere von Frauen, begründet und legitimiert werden. Seine Ansicht von der grundsätzlichen Verworfenheit des Menschen und von der Höllenstrafe hat dem Christentum eine Härte und Strenge gegeben, die mögliche Synthesen mit humanistischen und rationalen Tendenzen erschwert haben.

Andererseits hat er durch den von ihm betont vertretenen Gedanken, daß der Mensch Gottes Ebenbild sei, auch den Grund für ein neues Menschenbild gelegt. Hatte die griechische Philosophie den Menschen zumeist als Teil des Kosmos gesehen, wendet sich der Blick Augustins auf das Innere des Menschen, in seinem Seelenleben erkennt er sein eigentliches Wesen. In seiner Auffassung von der Auferstehung des Leibes zeigt sich unter anderem Aspekt, worin sich das Menschenbild Augustins grundsätzlich von der Anthropologie der antiken Philosophie unterscheidet. Nach seiner Anschauung wird der ganze Mensch, Körper und Seele, gerettet; verloren geht nur, was der Mensch um seiner selbst willen erreichen will.

Augustins Wirkung ist wesentlich durch die vielen Widersprüche

El Greco gestaltet auf diesem Gemälde eine lokale Legende:
Beim Begräbnis des Grafen Orgaz sollen wegen seiner besonderen Mildtätigkeit die Heiligen Stephanus und Augustinus erschienen sein: «Das Begräbnis des Grafen Orgaz», um 1586. Toledo, Santo Tomé

und Ambivalenzen bestimmt, die sein Denken aufweist und die durch die Erfahrung einer Wende der Geschichte bedingt sind. Nachfolgende Generationen hat dies irritiert, hat sie aber auch zu weiteren Denkbemühungen angeregt. Die Inkonsequenzen seines Denkens haben es zugelassen, sich universell auf Augustinus zu berufen: Je nach Zweck ließen sich aus ihm verschiedene, oft auch gegensätzliche Ansichten beglaubigen.

Für das europäische Mittelalter war Augustinus der zentrale Vermittler und Interpret antiker Philosophie. Auch wenn Augustinus nicht originell ist, hat seine Darstellung philosophischer Probleme und Ansichten oft entscheidend die philosophische Tradition geprägt.

Im Mittelalter ist Augustinus die nach der Bibel wichtigste Autorität auf dem Gebiet der Theologie und des christlichen Glaubens. Neben Ambrosius, Hieronymus und Gregor dem Großen zählt er zu den wichtigsten Kirchenlehrern, den «doctores maiores». Als philosophische Instanz übertrifft er über lange Zeiträume selbst Aristoteles, der erst im 13. Jahrhundert stärker rezipiert wird und die Monopolstellung des Augustinus beendet. Insbesondere seine Annäherung von Philosophie und Theologie, die auf eine Gleichsetzung hinauslief, war bis in das 13. Jahrhundert hinein maßgeblich. Die Philosophie hat dadurch ihre Eigenständigkeit verloren, und die Theologie wurde tendenziell überfordert, da sie auch den Kompetenzbereich der Philosophie sowie der Naturerforschung übernahm und ihr somit die Aufgabe zukam, schlechterdings alles erklären zu können – eine übergroße Bürde, die nicht selten zu schiefen Ansichten führte. Trotz der außerordentlichen Wertschätzung des Mittelalters für Augustinus wurde er nicht immer selbst gelesen. Häufig tradierte das Werk von Papst Gregor dem Großen (540–604) seine Gedanken. Dessen Theologie war nahezu ganz augustinisch, neigte allerdings zu manchen Vereinfachungen und Vergröberungen, die jedoch durch ihre plakative Griffigkeit die Rezeption eher erleichtert als erschwert haben.

Die Nachwirkung Augustins konzentriert sich besonders auf drei Bereiche: Die Fortwirkung der Gnadenlehre begründete den theologischen Augustinismus. Indem Augustinus die Vollendung der Philosophie in der Theologie gesehen und einen glaubensunabhängigen Vernunftgebrauch abgelehnt hat, gab er den Anstoß für den philosophischen Augustinismus. Und schließlich hat sein Geschichtsmodell, ausgearbeitet in seinem *Gottesstaat* und gegründet auf eine Antithese zwischen weltlicher und geistlicher Macht, den politischen Augustinismus vorformuliert.

Umfangreich sind die Auseinandersetzungen, die die augustinische Gnadenlehre verursacht hat. So wurde der sächsische Mönch Gottschalk (803–869) wegen seiner Ansichten zur Prädestination auf Betreiben von Rabanus Maurus im Jahr 848 auf einer Synode in Mainz verurteilt. Gottschalk hatte in seiner Schrift «De praedestinatione» einen radikalen Augustinismus vertreten, der auch die furchtbare Konsequenz, daß Gott nicht die Seligkeit aller Menschen wolle, unmißverständlich hervorhob. Rabanus Maurus und Hinkmar von Reims wollten diese Radikalität der augustinischen Gnadenlehre vermeiden, die Autorität des Augustinus jedoch unangetastet lassen. In dieser Kontroverse beauftragte Hinkmar von Reims Johannes Scotus Eriugena (etwa 810–877) mit einem Gutachten zum Problem der Prädestination. Eriugena spielte den frühen Augustinus, der die Freiheit des Willens betont hatte, gegen den späten Gnadentheologen aus und modifizierte ihn dadurch in entscheidender Weise. Mit Petrus Abaelard (1079–1142) wird der Augustinismus weiter zurückgedrängt, die menschliche Willensfreiheit erlangt wieder die eindeutige Priorität.

Auch die Neuzeit wird durch die augustinischen Lehren von Gnade und Prädestination immer wieder zur geistigen Auseinandersetzung angeregt. Das Konzil von Trient (1545–1563) beruft sich auf die Lehre Augustins ebenso wie die Reformatoren, die der katholischen Kirche vorwarfen, den Wert menschlicher Bemühungen zu hoch zu veranschlagen und die göttliche Gnade zu vernachlässigen. Die im 14. Jahrhundert häufiger betriebene Rückbesinnung auf Augustinus bereitete seine Bedeutung für das Reformationszeitalter vor. Zu nennen sind hier vor allem Thomas Bradwardine (1290–1349), der ein großes Werk «Gott gegen Pelagius» verfaßt hat, ferner Gregor von Rimini (1300–1358) und John Wyclif (1320–1384). Martin Luther (1483–1546), der den Augustiner-Chorherren angehörte, steht bei seiner Auslegung des Römerbriefs unter dem Eindruck der antipelagianischen Schriften Augustins, relativiert jedoch später, vor allem nach 1527, seine Position. Auch auf Johannes Calvin und Ulrich Zwingli ist der Einfluß Augustins groß gewesen. Und ein letztes Mal steht die Gnadentheologie Augustins im Jansenismus des 17. und 18. Jahrhunderts im Mittelpunkt theologischer Erörterung. Der niederländische Theologe Cornelius Jansen (1585–1638) lehrt das Unvermögen des Menschen, sich mit Gott zu versöhnen. Erst durch die Gnade werde dieser menschliche Mangel überwunden. Insbesondere in Frankreich verläuft die Auseinandersetzung um den Jansenismus leidenschaftlich

Augustinus. Linke Hälfte der Mitteltafel des Kirchenväteraltars von Michael Pacher. Um 1480, München, Alte Pinakothek

und wird durch das 1640 postum erschienene Werk «Augustinus» von Jansen gesteigert. Richelieu und Mazarin sind aus Gründen der Staatsräson Gegner des Jansenismus, der besonders von Angélique und Antoine Arnauld (1591–1661; 1612–1694), den Nonnen von Port-Royal und von Blaise Pascal (1623–1662) unterstützt wird. Insbesondere Pascal ist stark augustinisch geprägt und übt eine große Wirkung in dieser Kontroverse aus. Als die katholische Kirche die Augustinus-Rezeption des Jansenismus verwarf, rückte sie zugleich von Augustinus ab. Bezeichnenderweise wurde dabei stets die direkte Nennung Augustins vermieden, als ob auch dieses Mal seine Autorität als solche sakrosankt bleiben sollte.

Das Konzept der christlichen Bildung, wie Augustinus es in seiner Schrift *Über die christliche Lehre* entfaltet hat, findet gleichfalls eine breite Nachwirkung. Dieses Werk wird von Rabanus Maurus in «De clericorum institutione» im 9. Jahrhundert, von Alain von Lille in der «Summa de arte praedicandi» im 12., von Humbert von Romans im 13. mit der «Treatise on Preaching» und schließlich von Robert von Basevorn im 14. Jahrhundert in der «Forma praedicandi» nachgeahmt oder auch direkt zitiert. Anselm von Canterbury (1033–1109) entwickelte seine für die Scholastik maßgebliche Konzeption einer christlichen Philosophie, die einen Ausgleich zwischen Vernunft und Glauben anstrebt («fides quaerens intellectum»), unter ausdrücklicher Berufung auf Augustinus. Als die im 13. Jahrhundert einsetzende Rezeption des Aristoteles die bislang unangefochtene Stellung Augustins aufhob, kommt es zu einer Revision einzelner seiner Lehren. Albertus Magnus (1200–1280) und Thomas von Aquin (1225–1274) unterscheiden zwischen Vernunft- und Offenbarungswahrheiten, richten sich also gegen die These des philosophischen Augustinismus, daß Vernunft und Glaube durchgängig in Einklang gebracht werden können. Es entbrannte ein Streit darüber, ob man Augustinus mit Aristoteles versöhnen könne und ob in der Nachfolge des Aristoteles der Geltungsanspruch der Philosophie auf das theologische Feld ausgreifen durfte oder ihm Grenzen gesetzt waren. Kritik an Aristoteles übten vor allem Bonaventura (1217–1274), Petrus Johannis Olivi (ca. 1248–1298), Heinrich von Gent (1217–1293) und Duns Scotus (1265–1308). Eine weitere wichtige Traditionslinie bildet die Nachwirkung augustinischer Gedanken in der mystischen Theologie: Bernhard von Clairvaux (1091–1153,) Hugo von Saint-Victor (1096–1141), die Trinitätsspekulation von Richard von Saint-Victor (1110–1173), ferner Meister

Eckhart (1260–1328), Jan von Ruusbroec (1293–1381), Heinrich Seuse (1295–1366) und Johannes Tauler (1300–1361) sind von Augustinus inspiriert.

Der politische Augustinismus leitet sich aus der These des *Gottesstaates* her, dem irdischen Staat fehle es an der Gerechtigkeit und deshalb besitze allein die Kirche das Recht, staatliche Macht zu verleihen. Wichtigster Vertreter dieser Richtung ist Aegidius von Rom (1243–1316).

Die Geschichtstheorie des Augustinus schließlich hat stark auf Otto von Freising (1112–1158) und Joachim von Fiore (1130–1202) gewirkt. Über Augustinus hinausgehend deutet Joachim von Fiore den Gang des Geschichtsablaufs als eine Abfolge von drei Epochen: Auf das alttestamentliche Zeitalter des Vaters folge das neutestamentliche des Sohnes, das schließlich durch das kommende Zeitalter des Heiligen Geistes abgelöst werde.

Mit der Berufung auf Augustinus wurde auch immer wieder die Beschäftigung mit antiker Philosophie legitimiert. Marsilio Ficino (1433–1499) sieht in Augustinus einen Gewährsmann für seinen eigenen Versuch, Christentum und Platonismus anzunähern. Und Erasmus von Rotterdam (1469–1536) leitet in seinem «Handbüchlein eines christlichen Streiters» («Enchiridion militis christiani») aus der Schrift *Über die christliche Lehre* die Berechtigung dafür her, daß sich der Christ durchaus auch der antiken Bildung bedienen darf.

Von dem Augustinus-Erlebnis Petrarcas bei der Besteigung des Mont Ventoux im Jahr 1336 und von der Nachwirkung des Augustinismus bei diesem wichtigen Geburtsmoment der Neuzeit war schon die Rede. In gewisser Weise hat Augustinus die Konstituierung des neuzeitlichen Willensbegriffs vorbereitet. Mit dem philosophischen Problem des freien Willens hat er sich seit seiner frühen Schrift *Über den freien Willen*, über die Entwicklung seiner Gnadenlehre bis zu der späten Konfrontation mit den Pelagianern immer wieder auseinandergesetzt. Der Tendenz der antiken Philosophie, den Ursprung falschen Handelns in mangelnder Einsicht zu sehen – besonders deutlich kommt dies in dem sogenannten Tugendwissensatz des Sokrates zum Ausdruck –, steht Augustinus ablehnend gegenüber und betont, daß vielmehr der böse Wille, der sich auch gegen eine bessere Einsicht stellen kann, das entscheidende Kriterium sei.

Die Bedeutung Augustins für René Descartes (1596–1650) zeigt sich darin, daß beide auf ähnliche Weise ihren Skeptizismus überwinden. Das cartesische «Cogito ergo sum» ist wahrscheinlich von Augustinus wesentlich präformiert.

Nach dem letzten gnadentheologischen Streit im 17. Jahrhundert wird der Einfluß Augustins geringer. In der Aufklärung wird er allgemein abgelehnt; das Erbsünden-Konzept ist schlecht mit der aufklärerischen Doktrin vereinbar, der Mensch bessere sich fortwährend. Denker wie Voltaire (1694–1778), Edward Gibbon (1737–1794) und Johann Gottfried Herder (1744–1803), der in seinen «Christlichen Schriften» so weit geht, ihn einen «kirchlichen Despoten» zu nennen, stehen Augustinus deshalb ablehnend gegenüber. Weder Immanuel Kant noch der deutsche Idealismus gehen nennenswert auf ihn ein. Trotzdem hat Augustinus im 18. Jahrhundert Wirkung entfaltet. Seine *Bekenntnisse* werden nun zum Modell für die neuen Gattungen Autobiographie, Biographie und Bildungsroman, in denen – der Genieästhetik folgend – Selbstfindung und Sinnsuche des Menschen thematisiert werden. Daß diese Nachwirkung nicht aus dem Geist Augustins erfolgt und daß die religiöse Dimension seiner *Bekenntnisse* dabei keine Rolle spielte, versteht sich von selbst.

Die Kritik an Augustinus erreicht mit Friedrich Nietzsche im 19. Jahrhundert einen Höhepunkt. Allerdings findet Augustinus in Friedrich Daniel Ernst Schleiermacher (1768–1834) auch einen späten Verteidiger seiner Gnadenlehre.

Die Philosophie des 20. Jahrhunderts verdankt Augustinus einige wichtige Anstöße. Die Zeitreflexionen der *Bekenntnisse* finden in philosophischen Zeittheorien eine interessante Nachwirkung. Edmund Husserl (1859–1938) schließt sich am engsten an Augustinus an und greift die Unterscheidung von Außen- und Innenzeit positiv auf. Martin Heidegger (1889–1976) befaßt sich in einer Vorlesung vom Sommer 1921 und in einem Beuroner Vortrag von 1930 intensiv mit der augustinischen Zeittheorie, und Bertrand Russell (1872–1970) würdigt Augustinus als einen radikalen Subjektivisten der Zeit.

Intensiv und nachhaltig ist auch die Rezeption Augustins bei Ludwig Wittgenstein (1889–1951), vor allem in den «Philosophischen Untersuchungen», den «Philosophischen Bemerkungen» und im «Blauen Buch», in denen Spuren einer intensiven Auseinandersetzung mit den *Bekenntnissen* zu finden sind.

Der christliche Existentialismus in Frankreich und Deutschland zwischen den dreißiger und den sechziger Jahren führt zu einer ausgeprägten Augustinus-Renaissance, zu deren Vertretern Johannes Hessen, Romano Guardini und Joseph Bernhart zählen. Es verdient der Erwähnung, daß sich Albert Camus in seiner philosophischen Diplomarbeit «Christliche Metaphysik und Neoplatonismus» (1936) eingehender mit der philosophiegeschichtlichen Einordnung Augustins beschäftigt hat.

Augustinus hat zu allen Zeiten für die katholische Kirche, für ihre Lehrmeinung, für das religiöse Leben vieler Christen eine außerordentliche Bedeutung gehabt. Doch sein Einfluß reicht weiter und erstreckt sich auch auf staatliche, politische und gesellschaftliche Bereiche. In den Institutionen, die unser Leben prägen, ist seine Wirkung heute noch allenthalben spürbar: Die europäische Philosophie, die Genese der neuzeitlichen Wissenschaften, Einrichtungen wie die Familie, die Sexualmoral und das Verhältnis von Staat und Kirche stehen mit seinen Schriften in Zusammenhang.

Die Augustinus-Rezeption ist in Deutschland – anders als etwa in Frankreich oder Italien – der tatsächlichen Bedeutung des Kirchenlehrers nicht angemessen. Mit der Reformation brach die Auseinandersetzung mit ihm ab und wurde später vor allem durch die erst allmählich revidierte Ansicht behindert, die Spätantike sei eine Verfallszeit. Noch eine weitere Besonderheit, die sich in vielen Augustinus gewidmeten Darstellungen immer wieder beobachten läßt und die die Bemühung um ein vorurteilsfreies, gerechtes Augustinus-Bild erschwert, soll erwähnt werden: Häufig wird Augustinus entweder zu kritisch gesehen und mit der Absicht dargestellt, ihn zu demontieren, oder er wird zu bedenkenlos verteidigt und über jeden Zweifel erhoben. Bei einem Denker, der selbst so sehr zu Schwarzweißkontrasten neigte, wirkt diese polarisierende Tendenz jedoch nicht überraschend.

Anmerkungen

Abkürzungsverzeichnis der zitierten Werke Augustins:

De b. vita	De beata vita
De bono coniug.	De bono coniugali
De civ. Dei	De civitate Dei
Conf.	Confessiones
De corrept. et gratia	De correptione et gratia
De doctr. christ.	De doctrina christiana
Enchir.	Enchiridion ad Laurentium de fide et spe et caritate
Ep.	Epistulae
De grat. et lib. arb.	De gratia et libero arbitrio
C. Iulian.	Contra Iulianum
De lib. arb.	De libero arbitrio
Mag.	De magistro
De ord.	De ordine
Retract.	Retractationes
De serm. in monte	De sermone Domini in monte
Serm.	Sermones
Simpl.	De diversis quaestionibus ad Simplicianum
De sp. et lit.	De spiritu et littera
Tr. in ep. Ioan.	Tractatus in Epistulam Ioannis ad Parthos
De trin.	De trinitate
De util. cred.	De utilitate credendi
De vera rel.	De vera religione

Im darstellenden Text wurde Augustinus nach folgenden Übersetzungen zitiert: De beate vita: übers. von Ingeborg Schwarz-Kirchenbauer und Willi Schwarz. Stuttgart 1982; De bono coniugali: übers. von Anton Maxsein. Würzburg 1949; De civitate Dei: übers. von Wilhelm Thimme. Zürich 1955; Confessiones: übers. von Burkhard Mojsisch. Stuttgart 1989; De correptione et gratia: übers. von Sebastian Kopp. In: Schriften gegen die Pelagianer. Bd. 7. Würzburg 1955; De doctrina Christiana: übers. von A. Harnack. In: Augustin. Reflexionen und Maximen. Tübingen 1922; Enchiridion: übers. von Joseph Barbel. Düsseldorf 1960; Epistulae: übers. von Alfred Hoffmann. In: Des Heiligen Kirchenvaters Augustin ausgewählte Schriften. Bd. 9/10. München 1917; Sermones, De trinitate, Contra Iulianum, Tr. in ep. loan.: Übersetzung des Verfassers; De gratia et libero arbitrio: übers. von Sebastian Kopp. In: Schriften gegen die Pelagianer. Bd. 7. Würzburg 1955; De libero arbitrio: übers. von

Wilhelm Thimme. In: Theologische Frühschriften. Zürich 1962; De magistro: übers. von Karl-Heinrich Lütcke und Günther Weigel. In: Philosophische Spätdialoge. Zürich 1973; De ordine: übers. von Carl Johann Perl. Paderborn 1952; Retract.: übers. von Wilhelm Thimme. In: De vera religione. Stuttgart 1983; Ad Simplicianum: übers. von Walter Schäfer. In: Logik des Schreckens. Hg. von Kurt Flasch. Mainz [2]1995; De spiritu et littera: übers. von Sebastian Kopp. In: Schriften gegen die Pelagianer. Bd. 1. Würzburg 1971; De utilitate credendi: übers. von Carl Johann Perl. Paderborn 1966; De vera religione: übers. von Wilhelm Thimme. Stuttgart 1983

1 Conf. 1,9,14
2 Conf. 1,14,23
3 Conf. 2,3,5
4 Conf. 1,13,20
5 Conf. 1,16,26
6 Conf. 2,3,8
7 Conf. 2,3,6
8 Conf. 1,11,17
9 Conf. 3,4,7
10 Conf. 9,11,27
11 Ep. 211,4
12 Conf. 1,11,17
13 Conf. 1,17,27
14 Conf. 3,3,6
15 Conf. 5,12,22
16 Conf. 4,2,2
17 Conf. 2,2
18 Conf. 2,2,4; 2,3,8
19 Conf. 3,4,7
20 Conf. 5,7,12 f.
21 Conf. 5,8,14
22 Conf. 5,8,15; 5,9,16
23 Conf. 5,12,22
24 Conf. 5,13,23
25 Conf. 6,6,9
26 Conf. 5,14,25
27 Conf. 7,9,13 f.
28 Kurt Flasch: Augustin, Einführung in sein Denken. Stuttgart [2]1994, S. 65
29 Flasch [2]1994, S. 69
30 Conf. 6,11,19
31 Conf. 6,13,23
32 Conf. 6,15,25
33 Conf. 8,1,1
34 Conf. 8,7,16
35 Conf. 8,7,17
36 Conf. 8,8,19–8,12,30
37 Conf. 9,2,2
38 Conf. 9,2,4
39 De b. vita 1,4
40 Conf. 9,4,7
41 De vera rel. 4,6,22–4,7,23
42 De civ. Dei 8,5
43 De civ. Dei 22,27
44 De ord. 2,9,26
45 Ep. 118,17
46 Ep. 118,33
47 De util. cred. 10,24
48 Conf. 9,8,17
49 Conf. 9,10,24
50 Possidius: Augustins Leben. Eingel. u. übers. von Adolf von Harnack (Abhandlungen der Preußischen Akademie der Wissenschaften. Jahrgang 1930. Phil.-hist. Klasse). Berlin 1930, c. 5
51 Possidius c. 8
52 Possidius c. 8
53 Kurt Flasch: Logik des Schreckens. Augustinus von Hippo, De diversis quaestionibus ad Simplicianum I 2. Mainz [2]1995, S. 24
54 Serm. 355,1,2
55 Possidius c. 4,2
56 Ep. 21,1 f.
57 Serm. 17,2
58 Possidius c. 6
59 Peter Brown: Augustinus von Hippo. München 1973, S. 186
60 Ep. 49,3
61 Flasch [2]1994, S. 160
62 Ep. 204,5
63 De civ. Dei 22,22
64 Ep. 93,5,17
65 Ep. 93,1,2

66 Ep. 93,2,4
67 Luk. 14,21–23; Augustinus: Ep. 93,2,5; Ep. 173,10; Ep. 185,6,24
68 Tr. in ep. Ioan. 7,8
69 Flasch ^{2}1994, S. 165
70 Flasch ^{2}1994, S. 169
71 Ep. 93,1,3
72 Ep. 133,2
73 Ep. 139,2
74 Possidius c. 31,2
75 Plotin: Enneaden 1,4,7
76 Possidius c. 28,12
77 Possidius c. 31,2
78 Karl Jaspers: Die großen Philosophen. Erster Band. München ^{4}1988, S. 381
79 De doctr. christ. 1,3 f.
80 De civ. Dei 11,25
81 De trin. 8,8,12
82 Flasch ^{2}1994, S. 135
83 Conf. 2,3,8
84 Serm. 24,6
85 Vgl. De civ. Dei 16,35
86 Possidius c. 18,8
87 Conf. 4,13,20
88 Ep. 169,1
89 De trin. 8,10,14
90 Vgl. De civ. Dei 11,25
91 Flasch ^{2}1994, S. 156
92 Ep. 186,7,22; vgl. Serm. 26,3
93 Retract. 1,9
94 De lib. arb. 3,2,8
95 De lib. arb. 3,7,28
96 De lib. arb. 3,8,33 f.
97 De sp. et lit. 30,52
98 Ep. 194,3,14
99 Simpl. I,2,16
100 Ep. 166,9,27
101 C. Iulian. 4,14,71
102 De civ. Dei 14,24
103 C. Iulian. 4,14,71
104 Vgl. Conf. 8,5,10 f.
105 De civ. Dei 14,16
106 C. Iulian. 4,14,71
107 De civ. Dei 14,26
108 De civ. Dei 13,13
109 De civ. Dei 14,16
110 Enchir. 13,46
111 De bono coniug. 10,10
112 De serm. domini in monte 1,15,41; vgl. Flasch ^{2}1994, S. 212
113 De serm. domini in monte 1,15,41
114 De civ. Dei 22,17
115 Flasch ^{2}1994, S. 49
116 Conf. 8,10,22
117 De correpț. et gratia 10,28 ff.
118 Christoph Horn: Augustinus. München 1995, S. 137
119 Horn 1995, S. 36
120 Simpl. I,2,18
121 De corr. et gratia 14,44
122 De corr. et gratia 15,47
123 Simpl. I,2,18
124 Flasch ^{2}1994, S. 224
125 Ep. 194,6,29
126 Flasch ^{2}1994, S. 229
127 Enchir. 9,29
128 Ep. 186,7,22; 186,7,25
129 Flasch ^{2}1994, S. 162
130 Retract. 1,12,6; bezieht sich auf De vera rel. 16,31
131 Flasch ^{2}1995, S. 119
132 Flasch ^{2}1995, S. 15
133 Serm. 131,6,6
134 Serm. 131,10,10
135 Flasch ^{2}1994, S. 178
136 Flasch ^{2}1995, S. 37
137 Serm. 67,2
138 Conf. 1,1,1
139 Flasch ^{2}1994, S. 259 f.
140 Horn 1995, S. 74
141 Conf. 11,20,26
142 Conf. 1,6,7
143 Conf. 1,6,8
144 Conf. 1,7,11
145 Conf. 1,7,12
146 Conf. 1,19,30
147 Conf. 2,4,9
148 Conf. 2,3,6
149 Albrecht Dihle: Die griechische und lateinische Literatur der Kaiserzeit. Von Augustus bis Justinian. München 1989, S. 536
150 Dihle 1989, S. 537
151 Dihle 1989, S. 537
152 Horn 1995, S. 140
153 H. J. Vogels: Die heilige Schrift bei Augustin. In: M. Grabmann, J. Mausbach (Hg.): Aurelius Augustinus. Köln 1930, S. 411–421

154 Vgl. Conf. 6,3–5
155 De util. cred. 3,5 ff.
156 De doctr. christ. 3,10,14
157 De doctr. christ. 2,6,7; Conf. 3,5,9
158 Ep. 149,3,34; De doctr. christ. 4,8,22
159 Conf. 12,25,34 f.
160 Vgl. Augustinus, Ep. 82,2
161 De doctr. christ. prol. 9
162 De doctr. christ. 4,2,3
163 De doctr. christ. 4,1,2–3
164 De doctr. christ. 4,27,59–28,61
165 Serm. 179,1,1
166 De doctr. christ. 4,11,26
167 Vgl. Ep. 137,3
168 Mag. 1,1,1
169 Mag. 7,19,1
170 Mag. 10,33,1
171 Mag. 10,33,2
172 Mag. 11,36
173 Mag. 10,35–11,36
174 Mag. 11,38
175 Conf. 1,8,13
176 Aristoteles: Rhetorik I,3
177 De trin. 15,4,6
178 De civ. Dei 16,4; vgl. Flasch ^{2}1994, S. 126
179 Lactanz: Institutiones 7,25
180 Hieronymus: Ep. 123,16,4
181 Ep. 111,6
182 Serm. 296,5,6
183 Serm. 80,8
184 Serm. 81,8
185 De civ. Dei 2,18
186 De civ. Dei 5,17 f.
187 De civ. Dei 19,21 ff.
188 De civ. Dei 1,35
189 Franz Georg Maier: Augustin und das antike Rom (Tübinger Beiträge zur Altertumswissenschaft, Bd. 39). Stuttgart, Köln 1955, S. 162
190 De civ. Dei 4,4
191 De civ. Dei 12,14
192 Flasch ^{2}1994, S. 393
193 Maier 1955, S. 27
194 De civ. Dei 5,24
195 de civ. Dei 19,13
196 De civ. Dei 19,17; Ep. 155,3,12
197 Alexander Demandt: Die Spätantike. Römische Geschichte von Diocletian bis Justinian 284–565 n. Chr. München 1989, S. 224
198 Ep. 189
199 Conf. 1,15,24
200 De doctr. christ. 1,4,4
201 Hieronymus: Ep. 22,30. Übers. aus: Bibliothek der Kirchenväter. Hieronymus: Ausgewählte Briefe, Bd. I. Übers. v. Ludwig Schade. München 1936
202 Arnobius: Adversus nationes I,59
203 Conf. 3,2,2
204 Ep. 118,17; Serm. 150,8,9; Serm. 177,2; De civ. Dei 19,4
205 De civ. Dei 18,41
206 De civ. Dei 19,1,1
207 Conf. 1,13; 1,16–19
208 Nach Tertullian: de carne Christi 5
209 Vgl. Serm. 177,2
210 Vgl. Ep. 137,3
211 Conf. 7,20,26
212 Conf. 10,35,54
213 Flasch ^{2}1994, S. 424
214 Conf. 10,34,53
215 Conf. 10,35,57
216 Conf. 10,8,15
217 Francesco Petrarca: Besteigung des Mont Ventoux, 28. Übers. u. hg. v. Kurt Steinmann. Stuttgart 1995
218 De civ. Dei 21,4
219 Jaspers 1988, S. 341
220 Vgl. Ep. 47,3
221 Demandt 1989, S. 455
222 Jochen Martin: Spätantike und Völkerwanderung. München 1987, S. 26
223 Flasch ^{2}1994, S. 203
224 Conf. 1,1,1
225 De civ. Dei 22,22

Zeittafel

354	Augustinus wird am 13. November in Thagaste (Nordafrika) geboren.
361	Julian wird Kaiser (stirbt 363).
365/6	Schulbesuch in Madaura.
369/70	Unterbrechung der Ausbildung wegen finanzieller Probleme.
370	Beginn des Rhetorikstudiums in Karthago.
371	Beginn seines Konkubinats.
372	Geburt seines Sohnes Adeodatus.
372	Tod des Vaters Patricius.
373	Lektüre der Cicero-Schrift «Hortensius»; Interesse an Philosophie und Hinwendung zur manichäischen Lehre.
375	Rückkehr nach Thagaste; Augustinus ist als Rhetoriklehrer tätig.
376–383	Lehrtätigkeit in Karthago.
383	Begegnung mit dem Manichäer Faustus; Ablösung von den Manichäern.
383	Übersiedlung nach Rom; Neigung zur skeptischen Philosophie der «Neuen Akademie».
384	Beruflicher Aufstieg zum Rhetorikprofessor (magister rhetoricae) in Mailand; Begegnung mit Bischof Ambrosius.
386	Sommer: intensive Beschäftigung mit neuplatonischer Philosophie und «Bekehrung» (Gartenszene).
386/7	Nach Aufgabe des Rhetorikberufs Aufenthalt in Cassiciacum; Entstehung der Frühdialoge.
387	Rückkehr nach Mailand und Taufe; im Herbst: «Vision von Ostia» und Tod der Mutter Monnica.
387/8	Rückkehr nach Afrika; zunächst nach Karthago, dann nach Thagaste, dort bis 391 klösterliche Lebensführung.
387–400	Literarische Auseinandersetzung mit dem Manichäismus.
390	Tod des Sohnes Adeodatus.
391	Priesterweihe in Hippo Regius; Beschäftigung mit der Bibel; klösterliche Lebensführung.
392	Debatte in Hippo mit Fortunatus.
395	Weihe zum Bischof: zunächst als Mitbischof, ab 396 alleiniger Bischof von Hippo.
396/7	Entwurf der Gnaden- und Erbsündenlehre in der Sammelschrift *Ad Simplicianum* I 2.

Seit 397	Literarische und kirchenpolitische Auseinandersetzung mit den Donatisten.
398	Teilnahme am 4. Konzil von Karthago.
392–420	Entstehung der *Enarrationes in Psalmos*.
397–401	Entstehung der *Confessiones*.
399–419	Entstehung von *De trinitate*.
410	Eroberung Roms durch Alarich; Erschütterung der Rom-Idee.
411	Religionsgespräch zu Karthago (Teilnehmer 286 katholische und 279 donatistische Bischöfe).
Seit 411	Kontroverse mit den Pelagianern über die Bedeutung von Gnade, Erbsünde und Kindertaufe.
413–426	Entstehung von *De civitate Dei*.
430	Tod Augustins am 28. August während der Belagerung Hippos durch die Vandalen.
431/439	Erste Biographie durch seinen Schüler Possidius.

Zeugnisse

Lino Coluccio Salutati
Um zuerst von den Christen und Gläubigen zu sprechen, gebe ich offen zu, daß mir keiner der modernen Schriftsteller mit Hieronymus, Ambrosius oder gar Gregorius, von Origines, Chrysostomus und vielen anderen ganz zu schweigen, vergleichbar scheint. Und auch diese dürften, nach meiner Meinung, nicht über den hl. Augustinus gesetzt werden. Johannes übertrifft die übrigen Evangelisten, Paulus die Apostel und Augustinus alle Kirchenväter.

Wie die schwanke Weide weichet dem silbrigen Ölbaum
und die gewöhnliche Narde Granat und Purpur der Rosen,

so treten nach meinem Urteil alle Kirchenväter der Vergangenheit und der neueren Zeit hinter Augustinus zurück.

Brief an Poggio Bracciolini vom 17. Dezember 1405

Blaise Pascal
Erschiene Augustinus heute und wäre er ebensowenig autorisiert wie seine Verteidiger, so könnte er nichts ausrichten. Gott hat seine Kirche gut geleitet, da er ihn damals mit Autorität gesandt hat.

Pensées, 1670

Johann Gottfried Herder
Auf einer gefährlichen Spitze stand dieser talentreiche Mann Augustinus. Bei seinem blendenden Witz, den er wie ein funkelndes Schwerdt hin und her wandte, bei einer raschen schlüpfrigen Einbildungskraft ward sein warmer Eifer fürs Wohl der Kirche dieser selbst schädlich. Er wars, der die gewagtesten Sätze und Unterschiede über Natur und Gnade, über den freien Willen des Menschen und seine Ohnmacht, über Gnade und Verdienst nicht nur in Gang, sondern auch (trauriger Sieg!) ins System der Kirche brachte. Wie sehr sich der menschliche Geist sträubte, manche harte Behauptung dieses kirchlichen Despoten, aller Erfahrung zuwider, anzunehmen, wie tapfer man selbst in den mittleren Zeiten der Scholastik gegen ihn stritt, und sich wenigstens hie und da einen kleinen Winkel eigenen Besitzes menschlicher Seelenkräfte zu umzäunen suchte; der lateinischen Kirche blieb sein System geltend.

Christliche Schriften, 4. Sammlung, 1798

Friedrich Schlegel

Zur eigentlichen höhern Philosophie und zur Metaphysik hatten die Römer einmal gar keine Anlage; selbst die Sprache sträubte sich dagegen, das fühlt man im Augustin, wie im Cicero, und erst nachdem die lateinische Sprache eine ganz tote geworden war, hat man es durch die äußerste Gewalt dahin bringen können, daß sie die Subtilitäten der Griechen, dieser geborenen Dialektiker und Metaphysiker, einigermaßen, obwohl immer unvollkommen genug, auszudrücken vermochte. Selbst das größte und eigentümlichste Werk, welches die spätere lateinische Literatur hervorgebracht, und worin der heil. Augustin dem höchsten Werke der Philosophie des Altertums, der Republik des Plato und dem darin aufgestellten Ideale der Menschheit und der menschlichen Gesellschaft, eine christliche Ansicht von eben diesen Gegenständen, von der Menschheit, der Lenkung ihrer Schicksale, und dem Ideale ihres Vereins entgegenstellt, ist nicht sowohl ein metaphysisches als ein moralisches Werk, obwohl im umfassendsten Sinne des Worts: eine Kritik der alten Systeme, zugleich aber auch, was wir nennen würden, die Theorie der Menschheit und Philosophie der Geschichte enthaltend.

Geschichte der alten und neuen Literatur. Sechste Vorlesung, 1812

Ludwig Feuerbach

Die verfolgende, herrschende und herrschsüchtige Kirche ist z. B. in der Sprache des heiligen Augustinus nicht die verfolgende, Gott bewahre! sondern die verfolgte, die unterdrückte, die leidende, und der Strick, mit dem ein Ketzer erst gepeitscht und dann geknebelt und endlich gewürgt wird, nicht ein Zwangsmittel der peinlichen Halsgerichtsordnung, nein! nur ein Angebinde der christlichen Liebe. So verwandelt die magische Kraft des christlichen Glaubens Galle in Honig, Hass in Liebe, Lüge in Wahrheit!

Ueber Philosophie und Christenthum 1839 –
Erläuterungen und Ergänzungen zum Wesen des Christenthums

Friedrich Nietzsche

Ich las jetzt, zur Erholung, die Confessionen des h[eiligen] Augustin, mit großem Bedauern, daß Du nicht bei mir warst. Oh dieser alte Rhetor! Wie falsch und augenverdreherisch! Wie habe ich gelacht (zb. über den ‹Diebstahl› seiner Jugend, im Grunde eine Studenten-Geschichte.) Welche psychologische Falschheit! (zb. als er vom Tode seines besten Freundes redete, mit dem er eine Seele gewesen sei, er habe sich entschlossen, weiter zu leben, damit auf diese Weise sein Freund nicht ganz sterbe! So etwas ist ekelhaft verlogen.) Philosophischer Werth gleich Null. Verpöbelter Platonismus, das will ich sagen, eine Denkweise, welche für die höchste seelische Aristokratie erfunden wurde, zurecht gemacht für Sklavennaturen. Übrigens sieht man, bei diesem Buche, dem Christenthum in den Bauch: ich stehe dabei mit der Neugierde eines radikalen Arztes und Physiologen.

Brief an Overbeck vom 31. März 1885

Karl Jaspers

Es scheint wiederum unmöglich, Augustins Loslösung der Geschlechtlichkeit von der Liebe nicht für menschenunwürdig zu halten. Da Augustin entweder zügellos oder Asket ist, kennt er nicht die Achtung der Frauenwürde und verletzt sie in jeder seiner Beziehungen. [...] Bei Augustin, wie kaum bei einem anderen, ist die christlich-katholische Glaubenswirklichkeit (nicht etwa Jesus und nicht die Christlichkeit des Neuen Testaments) zu studieren. An ihm vorzüglich lernen wir die mit dem christlichen Denken in die Welt gekommenen Grundprobleme kennen.

Die großen Philosophen, 1957

Edmund Husserl

Die Analyse des Zeitbewußtseins ist ein uraltes Kreuz der deskriptiven Psychologie und der Erkenntnistheorie. Der erste, der die gewaltigen Schwierigkeiten, die hier liegen, tief empfunden und sich daran fast bis zur Verzweiflung abgemüht hat, war Augustinus. Die Kapitel 13–28 des XI. Buches der «Confessiones» muß auch heute noch jedermann gründlich studieren, der sich mit dem Zeitproblem beschäftigt. Denn herrlich weit gebracht und erheblich weiter gebracht als dieser große und ernst ringende Denker hat es die wissensstolze Neuzeit in diesen Dingen nicht. Noch heute mag man mit Augustinus sagen: si nemo a me quaerat, scio, si quaerenti explicare velim, nescio. Natürlich, was Zeit ist, wissen wir alle; sie ist das Allerbekannteste. Sobald wir aber den Versuch machen, uns über das Zeitbewußtsein Rechenschaft zu geben, objektive Zeit und subjektives Zeitbewußtsein in das rechte Verhältnis zu setzen und uns zum Verständnis zu bringen, wie sich zeitlich Objektivität, also individuelle Objektivität überhaupt, im subjektiven Zeitbewußtsein konstituieren kann, ja sowie wir auch nur den Versuch machen, das rein subjektive Zeitbewußtsein, den phänomenologischen Gehalt der Zeiterlebnisse einer Analyse zu unterziehen, verwickeln wir uns in die sonderbarsten Schwierigkeiten, Widersprüche, Verworrenheiten.

Vorlesungen zur Phänomenologie des inneren Zeitbewußtseins, 1928

F. van der Meer

Ohne Nennenswertes gedichtet zu haben, ist er der größte Dichter des christlichen Altertums. Seine Entzückungen, sein blitzartiges Überschauen manchmal des gesamten Stufenbaus des Weltalls, das von der Sonne der göttlichen Liebe bewegt und erleuchtet wird, äußert er unaufhörlich mit jener Offenheit und jener Hingerissenheit, die ihn unwiderstehlich machen. Er besaß das fünfte Talent, das kostbarste von allen, die Gabe, immer wieder bewundern zu können und so den kleinen Kindern ähnlich zu bleiben, denen das Himmelreich versprochen ist. Und wer hat mehr mit diesem Talent gewuchert? Nichts bewunderte er mehr als die Fülle Gottes, wie sie in der eigenen Seele zu erkennen ist und in der äußeren Welt in Christus offenbar geworden ist. So wird seine Lehre ein persönliches Zeugnis der Heilswirkung, eine Bibel im Lichte seiner Seele. Was Wunder, daß er die Seelen so gut verstand. [...]

Wer ihn in seinem Leben und Wirken beobachtet, entdeckt eigentlich zwei Menschen und sicher einen zweifachen Augustinismus. Einmal ist er der entzückte, am Neuplatonismus geschulte und in sich selbst gekehrte Künstler, der sich über den Schein der Dinge und sogar der sakramentalen Zeichen erhebt und bis zum göttlichen Brennpunkt aufsteigt, wo alles Schwarz und Weiß sich in das reinste Licht auflöst. Dann wieder ist er der Mann, der, wenn er zuerst sein eigenes Leben und dann die Geschichte der Menschheit überblickt, alle Menschenseelen als eine einzige verdammte Masse in das Nichts fallen sieht, immer tiefer fallen, unter dem schreckenerregenden Geheimnis der göttlichen Zulassung, bis Gott mit der Menschwerdung seines Sohnes eingreift und uns offenbart, daß er den Wenigen gnädig sein will, die fortan, von Seiner vorherbestimmenden Hand geführt, den schmalen Weg einhalten. Beide Auffassungen sind einander radikal entgegengesetzt: die erste kann man die klassisch-optimistische, die zweite die eschatologische Ansicht nennen, die an der Geschichte, das heißt den biblischen Tatsachen orientiert ist.

Augustin der Seelsorger, 1958

Kurt Flasch

Augustin hat Europa irregeführt und gequält. Zugleich hat er ihm in Wissenschaft und Leben zu seiner Identität verholfen, und sei's durch den Zwang, sich von seinem Supranaturalismus abzustoßen und im freien Rückgriff auf die Antike sich neu zu konstituieren. Augustin hat das antike Ideal vernünftigen Selbstbesitzes abgebaut und ihm gleichzeitig eine, obgleich eingeschränkte, Nachwirkung im Mittelalter und in der frühen Neuzeit ermöglicht. Seine dualistischen Tendenzen erschwerten für viele Jahrhunderte einheitliche Lebensgestaltung und konsequenten Vernunftgebrauch. Er zerstörte den antik-philosophischen Begriff von «Natur» und entfaltete doch auch nicht konsequent die in seiner Theorie des menschlichen Geistes angelegte personalistische Konzeption. Augustin hat die Unterdrückung des Individuellen in Theorie und politischer Praxis gefördert; gleichzeitig war er es, der eine neue Selbsteinschätzung denkender Einzelner ermöglichte – theoretisch durch die Berufung auf seine Lehre von der Gottesebenbildlichkeit des Geistes, faktisch durch die literarische Nachwirkung der «Bekenntnisse», die fortan dem Interesse an der eigenen Person, auch im Sinne biographischer Recherchen, einen höheren Anspruch verschafften.

Augustin. Einführung in sein Denken, 1994

Bibliographie

1. Bibliographien

Andresen, Carl: Bibliographia Augustiniana. Darmstadt [2]1973

Augustine Bibliography. Reproduction des fichiers bibliographiques de l'Institut des études augustiniennes. 2 Bde. Boston 1972

van Bavel, T.: Répertoire bibliographique de saint Augustin, 1950–1960. New York, Oxford 1963

Lorenz, Rudolf: Zwölf Jahre Augustinusforschung (1959–1970). In: Theologische Rundschau 39 (1974), S. 95ff.; S. 253ff.; S. 331ff.

Miethe, Terry L.: Augustinian Bibliography 1970–1980. With essays on the fundamentals of augustinian scholarschip. Westport, Conn. 1982

Trapè, Agostino: [Augustinus-Bibliographie]. In: Quasten, J. (Hg.): Patrologia. Bd. 3. Turin 1978, S. 325–434

Revue des Études Augustiniennes. Paris 1955ff. (abgekürzt: REA; enthält als «Bulletin augustinien» jährlich eine Bibliographie der Neuerscheinungen)

2. Hilfsmittel

Altaner, Berthold, Stuiber, Alfred: Patrologie. Leben, Schriften und Lehre der Kirchenväter. Freiburg, Basel, Wien [9]1978

Augustinus-Lexikon. Hg. von Cornelius Mayer und Karl Heinz Chelius. Basel, Stuttgart 1986ff.

Concordantia in libros XIII confessionum S. Aurelii Augustini. Edited Rodney H. Cooper, Leo C. Ferrari, Peter M. Ruddock, J. Robert-Smith. 2 Bde. Hildesheim, Zürich, New York 1991

Verbraken, Pierre-Patrick: Études critiques sur les sermons authentiques de saint Augustin (Instrumenta patristica 12). Steenbrugis 1976

3. Werke

a) Lateinische Gesamtausgaben

Sancti Aurelii Augustini opera omnia, studio monachorum ordinis s. Benedicti. 11 Bde. Paris 1679–1700 (Mauriner-Ausgabe)

Sancti Aurelii Augustini opera omnia. In: J. P. Migne: Patrologiae Cursus

Completus. Series Latina (PL Bd. 32–47). Paris 1841–1849 (abgekürzt: PL, jeweils mit Bandnummer)
Augustini opera. In: Corpus Scriptorum Ecclesiasticorum Latinorum. Wien 1887 ff. (abgekürzt: CSEL, jeweils mit Bandnummer)
Aurelii Augustini opera. In: Corpus Christianorum. Series Latina. Turnhout 1954 ff. (abgekürzt: CCL, jeweils mit Bandnummer)
Bibliothèque Augustienne: Œuvres de S. Augustin. Paris 1947 ff. (lat.-franz.)

b) Deutsche Übersetzungen

Bibliothek der Kirchenväter. Kempten, München 1911 ff., Kösel
Bd. 1–3: Zweiundzwanzig Bücher über den Gottesstaat. Übers. von Alfred Schröder. 1911 ff.
Bd. 4–6: Vorträge über das Evangelium des hl. Johannes. Übers. von Thomas Specht. 1913/14
Bd. 7: Bekenntnisse. Übers. von Alfred Hoffmann. 1914
Bd. 8: Ausgewählte praktische Schriften homiletischen und katechetischen Inhalts. Übers. von Sigisbert Mitterer. 1925
Bd. 9–10: Ausgewählte Briefe. Übers. von Alfred Hoffmann. 1917
Bd. 11–12: Fünfzehn Bücher über die Dreieinigkeit. Übers. und mit Einleitung von Michael Schmaus. 1935/36

Deutsche Augustinusausgabe. Hg. und übers. von Carl Johann Perl u. a. Paderborn 1955 ff., Schöningh
Abt. 1: Die frühen Werke des heiligen Augustinus. Übertr. von Carl Johann Perl
Die Ordnung. 1952
Musik. [3]1962
Der freie Wille. [4]1972
Die wahre Religion. 1957
Die Größe der Seele. 1960
Nutzen des Glaubens. Die zwei Seelen. 1966
Dreiundachtzig verschiedene Fragen. 1972
Abt. 2: Die philosophischen Werke des Augustin. Übertr. von Carl Johann Perl
Alleingespräche. 1955
Der Lehrer. [3]1974
Abt. 3: Die Werke des Bischofs Augustinus. Übertr. von mehreren Übersetzern
Dreizehn Bücher Bekenntnisse. Übertr. von Carl Johann Perl. [2]1964
Das Handbüchlein. Übertr. und erl. von Paul Simon. [2]1962
Die Auslegung der Psalmen. Ausgew. und übertr. von Hugo Weber. 1955
Über den Wortlaut der Genesis. Übertr. von Carl Johann Perl. Bd. 1–2. 1961–1964
Geist und Buchstabe. Übertr. von Anselm Forster. 1968
Drei Bücher über den Glauben. Übertr. von Carl Johann Perl. 1968
Die Retractationen in zwei Büchern. Übertr. von Carl Johann Perl. 1976
Der Gottesstaat. Übertr. von Carl Johann Perl. Bd. 1–2. 1979

Werke. Bd. 1–7. Zürich 1950–1973 (Die Bibliothek der Alten Welt. Reihe Antike und Christentum, lat. und deutsch), Artemis
Bd. 1: Bekenntnisse. Übers. von Wilhelm Thimme. 1950. ³1982
Bd. 2: Selbstgespräche und Von der Unsterblichkeit der Seele. Einführung, Übertragung und Anmerkungen von Hans-Peter Müller. 1986
Bd. 3–4: Vom Gottesstaat. Übertr. von Wilhelm Thimme. Eingel. u. erl. von Carl Andresen. 2 Bde. 1955 (Taschenbuchausgabe, München ²1985, dtv)
Bd. 5: Theologische Frühschriften (Vom freien Willen, Von der wahren Religion). Übers. u. erl. von Wilhelm Thimme. 1962
Bd. 6: Philosophische Frühdialoge (Gegen die Akademiker, Über das Glück, Über die Ordnung). Eingel., übers. u. erl. von Bernd Reiner Voss, Ingeborg Schwarz-Kirchenbauer und Willi Schwarz, Ekkehard Mühlenberg. 1972
Bd. 7: Philosophische Spätdialoge (Die Größe der Seele, Der Lehrer). Eingel., übers. u. erl. von Karl-Heinrich Lütcke und Günther Weigel. 1973

St. Augustinus der Seelsorger. Deutsche Gesamtausgabe seiner moraltheologischen Schriften. Hg. von Adalbero Kunzelmann und Adolar Zumkeller. Würzburg 1949ff., Augustinus-Verlag
Bisher erschienen:
Die Enthaltsamkeit. Übertr. von Paul Keseling. 1949
Das Gut der Ehe. Übertr. von Anton Maxsein. 1949
Die ehebrecherischen Verbindungen. Übertr. von Josef Schmid. 1949
Heilige Jungfräulichkeit. Übertr. und erl. von Ildefons Maria Dietz. 1952
Das Gut der Witwenschaft. Übertr. u. erl. von Anton Maxsein. 1952
Die Lüge und Gegen die Lüge. Übertr. und erl. von Paul Keseling. 1953
Die Geduld. Übertr. und erl. von Josef Martin. 1956
Der Nutzen des Fastens. Übertr. und erl. von Rudolph Arbesmann. 1958
Der christliche Kampf und Die christliche Lebensweise. Übertr. von Andreas Habitzky. Eingel. und erl. von Adolar Zumkeller. 1961
Die Handarbeit der Mönche. Übertr. und erl. von Rudolph Arbesmann. 1972
Die Sorge für die Toten. Übertr. von Gabriel Schlachter. Eingel. und erl. von Rudolph Arbesmann. 1975

Sankt Augustinus, der Lehrer der Gnade. Lat.-dt. Gesamtausgabe seiner antipelagianischen Schriften. Hg. v. Sebastian Kopp, Thomas G. Ring und Adolar Zumkeller. Würzburg 1955ff., Augustinus-Verlag
Bisher erschienen:
Bd. 1: Schriften gegen die Pelagianer. 1971 (Strafe und Nachlassung der Sünden. Übertr. von Rochus Habitzky. – Der Geist und der Buchstabe. Übertr. von Sebastian Kopp. – Natur und Gnade. Übertr. von Anton Maxsein. – Einf. und Erl. von Adolar Zumkeller)
Bd. 2: Schriften gegen die Pelagianer. 1964 (Die Vollendung der menschlichen Gerechtigkeit. Übertr. von Anton Fingerle. – Die Verhandlungen mit Pelagius. Übertr. von Berthold Altaner. – Die Gnade Christi und die Erbsünde. Übertr. von Anton Fingerle. – Einf. von Adolar Zumkeller und Anton Fingerle. Erl. von Adolar Zumkeller)
Bd. 3: Schriften gegen die Pelagianer. 1977 (Ehe und Begierlichkeit. Übertr.

von Anton Fingerle. – Natur und Ursprung der Seele. Übertr. von Anton Maxsein und Dionysius Morick. – Gegen zwei pelagianische Briefe. Übertr. von Dionysius Morick. – Einf. und Erl. von Adolar Zumkeller)
Bd. 7: Schriften gegen die Semipelagianer. 1955. [2]1987 (Gnade und freier Wille. – Zurechtweisung und Gnade. Übertr. und erl. von Sebastian Kopp. – Die Vorherbestimmung der Heiligen. – Die Gabe der Beharrlichkeit. Übertr. und erl. von Adolar Zumkeller)
Ergänzungsband: Prolegomena. Bd. 1: Schriften gegen die Pelagianer. Die Auslegung einiger Fragen aus dem Brief an die Römer. Eingel., übertr. und erl. von Thomas Gerhard Ring. 1989
Bd. 3: An Simplicianus zwei Bücher über verschiedene Fragen. Eingel., übertr. u. erl. von Thomas Gerhard Ring. 1991

Reflexionen und Maximen. Aus seinen Werken gesammelt und übersetzt von Adolf von Harnack. Tübingen 1922, Mohr

Einzelübersetzungen

Confessiones. Bekenntnisse. Eingel., übers. und erl. von Joseph Bernhart, München 1955, Kösel (Taschenbuchausgabe Frankfurt a. M. 1987, Insel) lat. und deutsch

Bekenntnisse. Mit einer Einl. von Kurt Flasch. Übers., mit Anm. versehen u. hg. von Kurt Flasch und Burkhard Mojsisch. Stuttgart 1989, Reclam

De vera religione. Über die wahre Religion. Übers. und Anmerkungen von Wilhelm Thimme. Nachwort von Kurt Flasch. Stuttgart 1983, Reclam (lat. und deutsch)

De beata vita/Über das Glück. Anmerkungen und Nachwort von Ingeborg Schwarz-Kirchenbauer und Willi Schwarz. Stuttgart 1982, Reclam (lat. und deutsch)

Über die Psalmen. Ausgew. und übertr. von Hans Urs von Balthasar. Einsiedeln, [2]1983, Johannes-Verlag

Enchiridion de fide, spe et caritate/Handbüchlein über Glaube, Hoffnung und Liebe. Text und Übersetzung mit Einleitung und Kommentar. Hg. von Joseph Barbel. Düsseldorf 1960, Patmos

Soliloquia. Übers. von Peter Remark. München 1951, Tusculum (lat. und deutsch)

Über den dreieinigen Gott. Ausgew. u. übertr. von Michael Schmaus. München [2]1951, Kösel

Logik des Schreckens. Augustinus von Hippo De diversis quaestionibus ad Simplicianum I 2. Deutsche Erstübersetzung von Walter Schäfer. Hg. u. erkl. von Kurt Flasch (=Excerpta Classica VIII). Mainz [2]1995, Dieterich'sche Verlagsbuchhandlung

Des heiligen Kirchenvaters Aurelius Augustinus fünfzehn Bücher über die Dreieinigkeit. Aus dem Lat. übersetzt und mit Einleitung versehen von Michael Schmaus. 2 Bde. München 1935 ff., Kösel

4. Zeitschriften und Sammelbände

Augustiniana. Tijdschrift voor de Studie van Sint Augustinus en de Augustijnenorde. Löwen 1951 ff. (abgekürzt: Aug.)

Augustinian Studies. Villanova 1970 ff. (abgekürzt: AS)

Recherches Augustiniennes. Paris 1958 ff. (abgekürzt: Rech. Aug.)

Revue des Études Augustiniennes. Paris 1955 ff. (abgekürzt: REA; enthält als «Bulletin augustinien» jährlich eine Bibliographie der Neuerscheinungen)

Andresen, Carl (Hg.): Zum Augustin-Gespräch der Gegenwart. Bd. I. Darmstadt ^{2}1975, Bd. II. Darmstadt 1981

Aurelius Augustinus. Festschrift der Görres-Gesellschaft zum 1500. Todestage des Heiligen Augustinus. Hg. von Martin Grabmann und Josef Mausbach. Köln 1930

Augustinus Magister: Congrès international augustinien. 3 Bde. Paris 1954

Congresso internazionale su S. Agostino nel XVI centenario della conversione. 3 Bde. Rom 1987

Internationales Symposion über den Stand der Augustinus-Forschung. Hg. von Cornelius Mayer und Karl Heinz Chelius. Würzburg 1989

O'Meara, John J.: Studies in Augustine and Eriugena. Edited by Thomas Halton. Washington 1992

Scienta Augustiniana. Festschrift für Adolar Zumkeller. Hg. von Cornelius Mayer und Willigis Eckermann. Würzburg 1975 (Cassiciacum, Bd. 30)

Signum Pietatis. Festgabe für Cornelius Petrus Mayer zum 60. Geburtstag. Hg. von Adolar Zumkeller. Würzburg 1989

Traditio Augustiniana. Studien über Augustin und seine Rezeption. Festgabe für Willigis Eckermann zum 60. Geburstag. Hg. v. Adolar Zumkeller und Achim Krümmel. Würzburg 1994

5. Gesamtdarstellungen

Bonner, Gerald: St. Augustine of Hippo. Life and controversies. London 1963

Brown, Peter: Augustine of Hippo. A biography. Berkeley 1967 (dt.: Augustinus von Hippo. München 1973)

Chadwick, Henry: Augustin. Göttingen 1987

Flasch, Kurt: Augustin. Eine Einführung in sein Denken. Stuttgart ^{2}1994

–: Augustinus. Ausgewählt und vorgestellt von Kurt Flasch, München 1997

Horn, Christoph: Augustinus. München 1995

Jaspers, Karl: Die großen Philosophen. Erster Band. München ^{4}1988 (zu Augustinus S. 319–396)

Kirwan, Christopher: Augustine. London 1989

Kranz, Gisbert: Augustinus. Sein Leben und Wirken. Mainz 1994

Kreuzer, Johann: Augustinus. Frankfurt a. M., New York 1995

Loewenich, Walther von: Augustin. Leben und Werk. München, Hamburg 1965

Pincherle, Albert: Vita di S. Agostino. Bari 1980

TeSelle, Eugene: Augustine the theologian. London 1970

van der Meer, F.: Augustinus der Seelsorger. Lehre und Wirkung eines Kirchenvaters. Köln 1958

6. Untersuchungen

a) Allgemeines

Arendt, Hannah: Der Liebesbegriff bei Augustin. Versuch einer philosophischen Interpretation. Berlin 1929

Babcock, William S. (Hg.): The ethics of St. Augustine. Atlanta 1991

Beierwaltes, Werner: Regio beatitudinis. Zu Augustins Begriff des glücklichen Lebens (Sitzungsbericht der Heidelberger Akademie der Wissenschaften, phil.-hist. Kl., Jg. 1981, Nr. 6). Heidelberg 1981

Blumenberg, Hans: Augustins Anteil an der Geschichte des Begriffs der theoretischen Neugierde. In: REA 7 (1961), S. 35–70

–: Der Prozeß der theoretischen Neugierde. Frankfurt a. M. 1988, S. 103–121

Blumenkranz, Bernhard: Die Judenpredigt Augustins. Ein Beitrag der jüdisch-christlichen Beziehungen in den ersten Jahrhunderten. Basel 1946

Bouman, Johan: Augustinus – Lebensweg und Theologie (=Glaubenskrise – Glaubensgewißheit im Christentum und im Islam 1). Gießen 1987

Brechtken, Josef: Augustinus Doctor Caritatis. Sein Liebesbegriff im Widerspruch von Eigennutz und selbstloser Liebe im Rahmen der antiken Glückseligkeits-Ethik (=Monographien zur philosophischen Forschung, Bd. 136). Meisenheim am Glan 1975

Burnaby, John: Amor Dei. A study of the religion of St. Augustine. London 1947

Evans, G. R.: Augustine on evil. Cambridge 1982

Geerlings, Wilhelm: Christus Exemplum. Studien zur Christologie und Christusverkündigung Augustins. Tübingen 1977

Keenan, Mary Emily: The life and times of St. Augustine as revealed in his letters. Washington 1935

Maier, Franz Georg: Augustin und das antike Rom (=Tübinger Beiträge zur Altertumswissenschaft, Bd. 39). Stuttgart, Köln 1955

Marrou, Henri: Augustinus und das Ende der antiken Bildung. Paderborn, München u. a. ^{2}1995

O'Connell, Robert J.: Saint Augustine's Platonism. Villanova 1984

–: Imagination and metaphysics in St. Augustine. Marquette 1986

Pincherle, Alberto: La formazione teologica de Sant' Agostino. Rom 1947

Rist, John M.: Augustine. Ancient thought baptized. Cambridge 1994

Rosenberger, Michael: Der Weg des Lebens. Zum Zusammenhang von Christologie und Spiritualität in der Verkündigung des hl. Augustinus. Regensburg 1996

Schöpf, Alfred: Wahrheit und Wissen. Die Begründung der Erkenntnis bei Augustin. München 1965

Simonis, Walther: Ecclesia visibilis et invisibilis. Untersuchungen zu Ekklesiologie und Sakramentenlehre in der afrikanischen Tradition von Cyprian bis Augustin. Frankfurt a. M. 1970

Soennecken, Silvia: Misogynie oder Philogynie? Philologisch-theologische Untersuchungen zum Wortfeld Frau bei Augustinus. Frankfurt a. M. u. a. 1993

Studer, Basil: Gratia Christi-Gratia Dei bei Augustinus von Hippo. Christozentrismus oder Theozentrismus? Rom 1993

Weismann, Werner: Kirche und Schauspiel. Die Schauspiele im Urteil der lateinischen Kirchenväter unter besonderer Berücksichtigung von Augustin. Würzburg 1972

Wetzel, James: Augustine and the Limits of Virtue. Cambridge 1992

Wieland, Wolfgang: Offenbarung bei Augustinus (=Tübinger Theologische Studien, Bd. 12). Stuttgart 1978

Wienbruch, Ulrich: Erleuchtete Einsicht. Zur Erkenntnislehre Augustins. Bonn 1989

Wittmann, Leopold: Ascensus. Der Aufstieg zur Transzendenz in der Metaphysik Augustins. München 1980

b) Der frühe Augustin

Feldmann, Erich: Der Einfluß des Hortensius und des Manichäismus auf das Denken des jungen Augustinus von 373. Münster 1975

Ferrari, Leo C.: The conversions of Saint Augustine. Villanova 1984

Fuhrer, Therese: Augustin Contra Academicos. Einleitung und Kommentar. Berlin u. a. 1997

König, Eckard: Augustinus Philosophus. Christlicher Glaube und philosophisches Denken in den Frühschriften Augustins (=Studia et Testimonia Antiqua XI). München 1970

Parma, Christian: Pronoia und Providentia. Der Vorsehungsbegriff Plotins und Augustins. Leiden 1971

Ritter, Joachim: Mundus intelligibilis. Eine Untersuchung zur Aufnahme und Umwandlung der neuplatonischen Ontologie bei Augustinus. Frankfurt a. M. 1937

c) Gnadenlehre

Bonner, Gerald: Augustine and Pelagianism in the light of modern research. Villanova 1972

Brown, Peter: Religion and society in the age of Saint Augustine. London 1972

–: Die Keuschheit der Engel. Sexuelle Entsagung, Askese und Körperlichkeit am Anfang des Christentums. München 1991

Ring, Thomas Gerhard: Bruch oder Entwicklung im Gnadenbegriff Augustins? Kritische Bemerkungen zu K. Flasch, Logik des Schreckens. In: Aug. 44 (1994), S. 31–113

d) «Bekenntnisse»

Courcelle, Pierre: Les Confessions de S. Augustin dans la tradition littéraire. Antécédents et Postérité. Paris 1963

–: Vita Sancti Augustini imaginibus adornata. Paris 1964

–: Recherches sur les Confessions de Saint Augustin. Paris 1968

Desch, Waltraud: Augustins Confessiones. Beobachtungen zu Motivbestand und Gedankenbewegung. Frankfurt a. M. 1988 (=Studien zur klassischen Theologie 38)

Herzog, Reinhart: Non in sua voce – Augustins Gespräch mit Gott in den «Confessiones». Voraussetzungen und Folgen. In: Poetik und Hermeneu-

tik. Bd. 11: Das Gespräch. Hg. von Karlheinz Stierle und Rainer Warning. München 1984, S. 213–250
Kreuzer, Johann: Pulchritudo. Vom Erkennen Gottes bei Augustin. Bemerkungen zu den Büchern IX, X und XI der Confessiones. München 1995
O'Connell, Robert J.: Images of conversion in St. Augustine's Confessions. New York 1996
O'Donnell, James J.: Augustine, Confessions. Latin Text with Commentary. 3 Bde. Oxford 1992

e) Memoria- und Illuminationslehre

Bubacz, Bruce: St. Augustine's theory of knowledge. A contemporary analysis. New York 1981
Mourant, John A.: St. Augustine on memory. Villanova 1980
Wenning, G.: Die Illuminationslehre Augustins. In: Aug. 39 (1989), S. 99–118

f) Zeittheorie

Flasch, Kurt: Was ist Zeit? Augustinus von Hippo. Das XI. Buch der Confessiones. Hist.-Philos. Studie. Text–Übersetzung–Kommentar. Frankfurt a. M. 1993
Herrmann, Friedrich-Wilhelm von: Augustinus und die phänomenologische Frage nach der Zeit. Frankfurt a. M. 1992
Schmidt, Ernst A.: Zeit und Geschichte bei Augustin (=Sitzungsbericht der Heidelberger Akademie der Wissenschaften, phil.-hist. Kl., Jg. 1985, Nr. 3). Heidelberg 1985

g) Geschichtsdenken, «Gottesstaat»

Donnelly, Dorothy F., Sherman, Mark A.: Augustine's «De civitate dei»: An annotated bibliography of modern criticism, 1960–1990. New York u. a. 1991
Donnelly, Dorothy F. (Hg.): The city of god. A collection of critical essays. Frankfurt a. M. u. a. 1995
Horn, Christoph (Hg.): Augustinus, De civitate dei. Berlin 1997
Laufs, Joachim: Der Friedensgedanke bei Augustinus. Untersuchungen zum XIX. Buch des Werks «De civitate Dei» (=Hermes Einzelschrift 27). Wiesbaden 1973
Löwith, Karl: Weltgeschichte und Heilsgeschehen. Die theologischen Voraussetzungen der Geschichtsphilosophie. Stuttgart 1957
Müller, Christof: Geschichtsbewußtsein bei Augustinus. Ontologische, anthropologische und universalgeschichtlich-heilsgeschichtliche Elemente einer augustinischen «Geschichtstheorie». Würzburg 1993
van Oort, Johannes: Jerusalem and Babylon. A study into Augustine's city of god and the sources of his doctrine of the two cities. Leiden 1991

h) Trinität

Genn, Felix: Trinität und Amt nach Augustinus. Einsiedeln 1986
Schmaus, Michael: Die Denkform Augustins in seinem Werk De trinitate

(=Bayerische Akademie der Wissenschaften, phil.-hist. Kl. 6). München 1962

i) Sprachtheorie, Rhetorik

Borsche, Tilman: Macht und Ohnmacht der Wörter. Bemerkungen zu Augustins «De magistro». In: Sprachphilosophie in Antike und Mittelalter. Hg. v. Burkhard Mojsisch. Amsterdam 1986, S. 121–161

Burnyeat, M. F.: Wittgenstein and Augustine «De magistro». In: Proceedings of the Aristotelian Society 61 (1987), S. 1–24

Duchrow, Ulrich: Sprachverständnis und biblisches Hören bei Augustin. Tübingen 1965

Hennigfeld, Jochem: Augustinus. Äußeres Zeichen und inneres Wort. In: ders.: Geschichte der Sprachphilosophie. Antike und Mittelalter. Berlin, New York 1994, S. 125–167

Mayer, Cornelius P.: Die Zeichen in der geistigen Entwicklung und in der Theologie Augustins. II. Teil: Die antimanichäische Epoche. Würzburg 1974

Pintarič, Drago: Sprache und Trinität. Semantische Probleme in der Trinitätslehre des hl. Augustin. Salzburg, München 1983

Pollmann, Karla: Doctrina Christiana. Untersuchungen zu den Anfängen der christlichen Hermeneutik unter besonderer Berücksichtigung von Augustinus, De doctrina Christiana. Freiburg/Schweiz 1996

Prestel, Peter: Die Rezeption der ciceronianischen Rhetorik durch Augustin in De doctrina Christiana. Frankfurt a. M. 1992

k) Schriftauslegung

Hennings, Ralph: Der Briefwechsel zwischen Augustinus und Hieronymus und ihr Streit um den Kanon des Alten Testaments und die Auslegung von Gal. 2,11–14. Leiden 1994

l) Verschiedene Werke

Keller, Adalbert: Aurelius Augustinus und die Musik. Untersuchungen zu «De musica» im Kontext seines Schrifttums. Würzburg 1993 (=Cassiciacum, Bd. 44)

O'Meara, John J.: The creation of man in St. Augustine's De genesi ad litteram. Villanova 1980

7. Historischer und kulturgeschichtlicher Hintergrund

Brown, Peter: Religion and society in the age of Saint Augustine. London 1972

–: Die Keuschheit der Engel. Sexuelle Entsagung, Askese und Körperlichkeit am Anfang des Christentums. München 1991

Chadwick, Henry: Die Kirche in der antiken Welt. Berlin, New York 1972

Demandt, Alexander: Der Fall Roms. Die Auflösung des römischen Reiches im Urteil der Nachwelt. München 1984

–: Die Spätantike. Römische Geschichte von Diocletian bis Justinian 284–565 n. Chr. München 1989
Deschner, Karlheinz: Kriminalgeschichte des Christentums. Bd. 1: Die Frühzeit. Reinbek 1986
Dihle, Albrecht: Die Vorstellung vom Willen in der Antike. Göttingen 1985 (zu Augustinus: S. 138–163)
–: Die griechische und lateinische Literatur der Kaiserzeit. Von Augustus bis Justinian. München 1989
Fuhrmann, Manfred: Rom in der Spätantike. Porträt einer Epoche. München, Zürich 1994
Martin, Jochen: Spätantike und Völkerwanderung. München 1987
Nagel, Eduard: Kindertaufe und Taufaufschub. Die Praxis vom 3.–5. Jahrhundert in Nordafrika und ihre theologische Einordnung bei Tertullian, Cyprian und Augustinus. Frankfurt a. M. 1980
Voss, Bernd Reiner: Der Dialog in der frühchristlichen Literatur (=Studia et Testimonia Antiqua 9). München 1970

8. Nachwirkungen

Courcelle, Jeanne, Courcelle, Pierre: Iconographie de saint Augustine. Paris 1965 ff. (bislang vier Bde.)
Crombie, Alistair C.: Von Augustinus bis Galilei: Die Emanzipation der Naturwissenschaft. Köln 1964
Flasch, Kurt: Das philosophische Denken im Mittelalter. Stuttgart 1986
–: Freiheit des Willens. 850–1150. In: Johannes Fried (Hg.): Die abendländische Freiheit vom 10. zum 14. Jahrhundert. Der Wirkungszusammenhang von Idee und Wirklichkeit im europäischen Vergleich. Sigmaringen 1991, S. 17–47
Gouhier, Henri: Cartésianisme et Augustinisme au XVIIe siècle. Paris 1978
Hartle, Ann: The modern Self in Rousseau's Confessions. A reply to St. Augustine. Nortre Dame 1983
Matthews, Gareth B.: Thought's Ego in Augustine and Descartes. Ithaca, London 1992
McEvoy, James: St. Augustine's Account of time and Wittgensteins Criticisms. In: The Review of Metaphysics 37 (1984), S. 547–577
Ruh, Kurt: Geschichte der abendländischen Mystik. Bd. 1. München 1990 (zu Augustin: S. 83–117)
Steinmann, Kurt: Petrarca. Die Besteigung des Mont Ventoux. Lat.–Dt. Stuttgart 1995

Namenregister

Die kursiv gesetzten Zahlen bezeichnen die Abbildungen

Über den Autor

Dr. Uwe Neumann, 1964 geboren, hat Klassische Philologie und Germanistik in Freiburg i. Br. und in Kiel studiert. Er wurde mit einer Arbeit zur antiken Tragödie («Gegenwart und mythische Vergangenheit bei Euripides») 1994 promoviert. Von 1993 bis 1997 war er Assistent am Seminar für Allgemeine Rhetorik der Universität Tübingen. Derzeit arbeitet er an einer Habilitationsschrift über die sprachlichen Möglichkeiten, Wissen/Bildung transparent und verfügbar zu halten.

Quellennachweis der Abbildungen

Foto Scala, Florenz: Umschlagvorderseite (mit Genehmigung des Ministerio per i Beni Culturali e Ambientali, Florenz), 6, 14, 19, 25, 38, 99, 104, 110, 112, 117
Aus: Peter Brown: Augustinus von Hippo. Frankfurt a. M. 1967: 2, 35
Archivi Alinari, Florenz: 9, 28, 52, 91
Archiv für Kunst und Geschichte, Berlin: 10, 73
© Bildarchiv Preußischer Kulturbesitz, Berlin, 1998: 15 (Iris Papadopoulos), 77 (Joseph Martin), 87, 102 (Jürgen Liepe), 130 (Lutz Braun), Umschlagrückseite
Aus: Possidius Bischof of Calama: The Life of Saint Augustine. Hg. von John E. Rotelle. Villanova 1988: 20, 85
© Foto Réunion de Musées Nationaux, Paris: 27 (G. Blot/C. Jean)
Foto: Bildarchiv/Österreichische Nationalbibliothek Wien: 30
Musée de l'Arles Antique (Fotos: Michel Lacanaud): 33, 60
Aus: Henri Marrou: Augustinus. Hamburg 1958: 36
Foto © Bibliothèque nationale de France, Paris: 43
Hirmer Fotoarchiv, München: 65 (2), 106
Aus: Dietrich Steinwede: Augustinus. Christen in der Spätantike. Lahr/Freiburg i. Br. 1984: 69
Aus: Peter Brown: Welten im Aufbruch. Die Zeit der Spätantike von Mark Aurel bis Mohammed. Bergisch Gladbach 1980: 81
Bayerische Staatsbibliothek, München: 115
Musei Capitolini, Archivio Fotografico, Rom: 119
V&A Picture Library, London: 125
Foto: Artothek, Peissenberg: 133